A SABEDORIA DIVINA

JACOB BŒHME

A SABEDORIA DIVINA

O CAMINHO DA ILUMINAÇÃO

Tradução
Américo Sommerman

4ª reimpressão

ATTAR EDITORIAL
SÃO PAULO, 2025

Copyright© 1994, 1998, 2011, 2025 Attar Editorial

Tradução:
Américo Sommerman

Edição
Sergio Rizek

Capa e projeto gráfico
Silvana Panzoldo

Dados Internacionais de Catalogação na Publicação (CIP)
(Câmara Brasileira do Livro, SP, Brasil)

Boehme, Jacob, 1575-1642
    A Sabedoria Divina / Jacob Boehme; tradução de Américo Sommerman. — São Paulo, Attar, 1994.

    1. Misticismo 2. Teologia — Coletâneas — Séc. 17 3. Vida cristã I. Título.

94-0654   CDD-248.22

Indices para catálogo sistemático:
1. Misticismo: Cristianismo   248.22

ISBN 978-85-85115-06-7

Attar Editorial
rua Madre Mazzarello, 336 - cep 05454-040
São Paulo - SP   tel/fax (011) 3021 2199
www.attar.com.br   attar@attar.com.br

7
APRESENTAÇÃO
Américo Sommerman

13
A VIDA DE JACOB BŒHME
Abraham von Frankenberg

35
O SISTEMA DE JACOB BŒHME
Adam Mieckwicz

O CAMINHO DA ILUMINAÇÃO
TRÊS TRATADOS DE JACOB BŒHME
DIÁLOGOS ENTRE UM DISCÍPULO E SEU MESTRE

65
SOBRE A VIDA SUPRASENSÍVEL

103
SOBRE O CÉU E O INFERNO

125
O CAMINHO QUE VAI DAS TREVAS
À VERDADEIRA ILUMINAÇÃO

147
RELAÇÃO DAS OBRAS COMPLETAS DE BŒHME

149
ÍNDICE DAS ILUSTRAÇÕES

APRESENTAÇÃO

Esta é a primeira edição brasileira de Jacob Bœhme (1575-1624): uma tradução integral em língua portuguesa de três importantes tratados daquele que foi chamado de "o príncipe dos filósofos divinos".

Este príncipe, contudo, tem reinado na obscuridade. Apesar de reconhecido nos meios filosóficos como um dos mais poderosos gênios metafísicos da humanidade, em nossos dias sua obra é praticamente desconhecida e pouco estudada.

Mas nem sempre foi assim. Poderá ser surpreendente para o leitor descobrir que Jacob Bœhme exerceu grande influência sobre a obra de renomados filósofos e escritores do passado. Hegel chamou-o de "o primeiro filósofo alemão", dedicando-lhe um capítulo em sua *História da Filosofia*. Schelling e Franz von Baader reconheceram a influência de Bœhme na concepção de seus sistemas filosóficos. Fichte e Leibniz dedicaram-se ao estudo de seus tratados, e atestaram a profundidade e solidez de suas idéias. Também foi lido pelos grandes nomes do Romantismo Alemão, entre os quais gozou de grande reputação. Novalis, Schlegel, Lichtenberg e Tieck proclamaram-no um dos maiores escritores da Alemanha.

Na Inglaterra, além dos meios filosóficos e literários, sua influência teria chegado à Física através dos platônicos de Cambridge (séc. XVII), entre os quais Henri More, Ralph Cudworth e Peter Sterry. Muitos afirmam que Newton – que também se formou e lecionou em Cambridge na mesma época – teria estudado suas obras, e alguns insinuaram ter sido delas que extraiu as bases da lei da gravidade.

8 / APRESENTAÇÃO

Todavia, se a influência de sua obra adquiriu tal amplitude, isto deveu-se principalmente à excepcional importância de Bœhme no núcleo da Tradição espiritual do Ocidente.

Após sua morte, sua obra foi traduzida e publicada na Holanda, com grande repercussão, por seu discípulo Johann Georg Gichtel (1638-1710). Em 1650, Bœhme foi integralmente traduzido para o inglês por John Sparrow, a pedido do rei da Inglaterra, onde teve discípulos importantes, destacando-se William Law (1686-1761), responsável por uma segunda edição inglesa de suas obras completas.

Na França, seu tradutor e maior disseminador foi Louis-Claude de Saint-Martin (1743-1803), também conhecido como "o Filósofo Desconhecido", cuja obra, fortemente influenciada por Bœhme, encontrou grande ressonância na Alemanha da época de Gœthe.

E, em seu país natal, seu ensinamento encontrou muitos adeptos entre os homens simples, e foi transmitido em pequenos círculos e fraternidades iniciáticas vinculadas à Tradição cristã.

Assim tem sido o reinado "obscuro" de Jacob Bœhme: oculto, faz-se fonte de luz para tantos e tamanhos pensadores. Muitos lembrarão aqui de Heráclito, alcunhado "o Obscuro" *(ho Skoteinós)*, que paradoxalmente é também, para alguns, "o Claro" (cf. M. Heidegger, *Alethéia*).

Por que, então, a obra de Bœhme teria sido relegada ao quase total esquecimento, estigmatizada como inacessível e obscura?

Para começar, poderíamos atribuir tal estigma à natureza e à profundidade dos conhecimentos contidos na obra de Bœhme, e de modo algum à intencionalidade do autor de velar-lhes o sentido, ou à ininteligibilidade de seus escritos. De fato, apenas aqueles dispostos a buscar o método e a atitude propostos pela própria obra poderão encontrar acesso à sua compreensão.

Antes de tudo, é preciso advertir que grande parte da incompreensão que paira sobre Bœhme advém da leitura de suas obras fora da ordem cronológica, bem como de livros compostos apenas de excertos, pois, segundo o próprio autor, "cada uma estabelece os fundamentos da seguinte, sendo esta sempre dez vezes mais profunda que a antecedente".

APRESENTAÇÃO / 9

Também o físico teórico B. Nicolescu, autor de um ensaio sobre Jacob Bœhme intitulado *Ciência, sentido e evolução*, concorda quanto à luminosidade do autor, desde que lido com a metodologia adequada: "Bœhme tem a reputação de escrever de modo obscuro, e sua linguagem pode desnortear e inclusive irritar o leitor moderno; porém, quando a estrutura da interpretação simbólica – a única apropriada – é utilizada, a obra de Bœhme torna-se límpida, e é lida com a mesma facilidade de uma novela policial – uma novela que abarca tudo que existe ou é concebível: a Divindade, o cosmos e nós mesmos".

O escritor alemão Herman Hesse, por sua vez, dirá que não basta ao leitor aplicar um método ou uma certa chave interpretativa para, então, desvendar o sentido de sua obra: "Jacob Bœhme não é apenas difícil de se ler (...) Na verdade, não pode de modo algum ser lido quando nos falta a atitude correta. Quem encontra maior dificuldade é o leitor culto e ilustrado. Pode-se dizer que sua leitura exige as mesmas condições que a experiência mística: requer um 'esvaziar-se' prévio, uma atenção completamente livre e uma quietude da alma. Nas horas em que estas nos faltam, Bœhme não nos fala, parece-nos morto e árido, pois nada concede à curiosidade e ao mero instinto do jogo intelectual. Porém, quando estamos receptivos, vemos as estrelas girarem em sua mística imagem do mundo, e integramo-nos vitalmente a seu cosmo. A tradição de Bœhme, profundamente viva entre os espíritos mais cultivados da Alemanha da época de Novalis, e sobretudo na de Franz von Baader, conservou-se desde então quase que apenas em círculos fechados pietistas, longe da vida intelectual do tempo. Agora, parece que um novo dia amanhece para ela". (*Escritos sobre literatura*.)

Assim, observadas as condições acima enunciadas, a obra de Bœhme se tornaria extremamente clara. No entanto, ainda assim, a inusitada clareza de suas revelações poderia manifestar-se, a princípio, como obscuridade. – É preciso ter olhos de águia para fitar o Sol; quem não os tem é ofuscado por sua grande luz e só vê escuridão. Para usar a expressão de Santo Agostinho aplicada às palavras do Evangelho, poderíamos dizer que as obras de Bœhme devem ser lidas não com o "olho corpóreo", mas com o "olho espiritual", isto é, não com a exaltação da razão, mas com a simplicidade do coração.

Por fim, o fato de a obra de Bœhme ter sido relegada ao atual esquecimento teria ainda, segundo o próprio autor, uma razão mais ampla, relacionada à condição cíclica de um inexorável e progressivo obscurecimento espiritual da humanidade de que falam todas as tradições religiosas. E, embora já em seu tempo esse processo estivesse bastante avançado, desde o início deste século estaria chegando a um ponto extremo. Ainda assim, este processo não implicaria simplesmente numa perda e num obscurecimento, pois o profetizado Final dos Tempos, segundo estas mesmas Tradições e o próprio Bœhme, seria precedido do resgate do Conhecimento Primordial.

Nesse sentido, o ressurgimento de sua obra e de outras de natureza semelhante, de verdadeira Sabedoria, pode ser visto como sinal da iminência desse anunciado reflorescimento espiritual.

No entanto, sejam quais forem as razões para o presente desconhecimento da obra de Bœhme, sua luz sempre se oferecerá aos buscadores da Verdade e amantes da Sabedoria, para além dos véus do ofuscamento e da obscuridade, de nossos olhos e do mundo.

É nesta perspectiva que remetemos o leitor aos dois textos que abrem este volume: a mais consagrada biografia de Jacob Bœhme, escrita por seu amigo Abraham von Frankenberg, e um ensaio intitulado *O Sistema de Jacob Bœhme*, escrito pelo poeta polonês Adam Mickiewicz. Depois dessas duas valiosas apresentações, o leitor poderá encontrar a melhor de todas elas, a razão de ser deste livro: sua própria obra.

Escritos em forma de diálogos, os três tratados de Bœhme aqui contidos – *Sobre a vida Suprasensível, Sobre o Céu e o Inferno* e *Diálogo entre uma Alma Iluminada e outra buscando a Iluminação* – datam do último período de sua vida, quando o autor já estava em plena maturidade espiritual. Estes textos de Bœhme são dos poucos que podem prescindir da leitura das obras antecedentes, pois foram escritos visando um público mais amplo, tendo circulado de forma impressa antes de todas as outras.

APRESENTAÇÃO / 11

Os dois primeiros datam de 1622, e o terceiro, de 1624. Estes três tratados costumam aparecer com mais cinco outros da mesma fase, reunidos sob o título de *O Caminho para ir a Cristo*. Para traduzi-los, foram utilizadas diversas versões: *Confessions*, décimo-quinto capítulo, de Alexis Klimov, ed. Fayard, Paris, 1984); *The Way to Christ*, tradução de Peter Erb, Paulist Press, New York, 1978; *Of Heaven and Hell*, tradução de William Law, Sure Fire Press, Edmonds-WAS, 1987; e *Dialogos Misticos*, por Manuel Algora, coleção Visión Libros, ed. Teorema, Barcelona, 1982.

O relato sobre a vida do autor foi escrito por Abraham von Frankenberg (1593-1652), médico, centro de um dos diversos círculos da época que cultivavam a Sabedoria divina e o Conhecimento iluminador ou Gnose. Frankenberg foi discípulo e editor de Bœhme, e mestre de Johannes Scheffer (1624-1677), mais conhecido por Angelus Silesius, autor do livro *Viajante Querubínico*, o terceiro elo de uma das correntes de transmissão espiritual que teve Bœhme por polo. Para esta tradução, foi utilizada a versão francesa que aparece como apêndice da obra de Bœhme *Clef ou explication*, ed. Archè, coleção Sebastiani, 1977.

O Sistema de Jacob Bœhme, resumo dos principais temas enfocados em suas obras, foi escrito por Adam Mickiewickz (1798-1855), considerado um dos maiores poetas românticos poloneses. Este ensaio parece-nos muito apropriado para dar ao leitor uma primeira idéia do que pode ser encontrado no restante das obras de Bœhme.

Esta tradução, incluindo as notas de rodapé e as palavras explicativas que por vezes aparecem entre colchetes, apoiou-se principalmente no estudo do conjunto das obras do autor, especialmente as quatro primeiras: *A Aurora Nascente*, *Os Três Princípios da Essência Divina*, *A Tripla Vida do Homem* e *As Quarenta Questões sobre a Alma*, obras que já se encontram traduzidas, à espera de publicação.

Por fim, agradeço a Claudio Bazzoni e Mário Miranda da Mota Jr., pelo auxílio na revisão dos textos; a Ricardo Rizek, pela cooperação na elaboração das notas; a Monica Udler Cromberg, pela tradução de excertos do alemão; aos profs. Marcos Martinho dos Santos e José Jorge de Carvalho, pelas incontáveis contribuições; ao editor, Sergio Rizek, pelas valiosas sugestões que contribuíram para a estrutura e versão final deste livro, inclusive desta apresentação; e de maneira muito especial, a meu pai, a quem dedico este trabalho, sem cujo grande apoio esta tradução e a de outras obras de Jacob Bœhme não teriam sido possíveis.

A. Sommerman, 1994

Breve relato sobre a vida de Jacob Bœhme

por Abraham von Frankenberg

BREVE RELATO SOBRE A VIDA E A MORTE DE JACOB BŒHME

Para escrever a vida de Jacob Bœhme, homem tão profundo e inspirado por Deus, seria necessário uma pena mais destra e eloqüente que a minha. Como até o presente momento nenhum de seus compatriotas ousou empreender essa tarefa, tentarei fazê-lo, eu, seu vizinho, que estive intimamente ligado a ele durante os anos de 1623 e 1624. Direi tudo o que sei, brevemente e com a maior simplicidade, sendo fiel à mais pura verdade.

Jacob Bœhme nasceu no ano 1575 (d.C.), numa pequena cidade da Alta-Luffácia, chamada Antiga Seidenburg, distante uma légua e meia de Gœrlitz. Seus pais pertenciam à mais baixa classe social, eram pobres e honestos. Ao atingir certa idade, eles o encarregaram de tomar conta dos animais, tarefa comumente atribuída às crianças naquela região.

Certo dia, precisamente ao meio-dia, o pequeno Bœhme afastou-se de seus companheiros e subiu sozinho uma montanha escarpada muito distante, chamada Landeskrone (Coroa da Terra), e encontrou em seu cume a entrada de uma espécie de caverna, circundada, e aparentemente fechada, por pedras vermelhas. Inocentemente, ele adentrou-a e, em seu interior, encontrou um grande tesouro, o que o deixou tão amedrontado que fugiu sem tocá-lo. Depois disso, embora tenha subido inúmeras vezes essa montanha acompanhado de seus colegas, nunca mais encontrou a abertura dessa caverna. Esse episódio indicaria um bom augúrio de sua iniciação espiritual no tesouro oculto da ciência e dos mistérios divinos e naturais. Tempos depois, quando caminhávamos juntos, ele indicou-me esse lugar.

Segundo narrava o próprio Bœhme, ao fim de alguns anos, esse tesouro foi encontrado e retirado por um artista estrangeiro. Sobre esse tesouro recaía, provavelmente, uma maldição que causou uma morte funesta a seu possuidor.

Não devemos nos surpreender com essa passagem da vida de Bœhme, pois muitos autores mencionam montanhas maravilhosas semelhantes.[1] Elas podem ser encontradas na Silésia, principalmente sobre o Aventrot e sob a pedra de sete ângulos, e em muitos outros lugares. Também o douto e piedoso Jean Beer de Schweidnitz, por um favor especial de Deus, penetrou na Zottenberg, e viu ali grandes maravilhas e tesouros encerrados na terra, e conversou com três espíritos[2] banidos, confinados nessa montanha. Tal passagem é relatada num pequeno livro do próprio Jean Beer, intitulado *Do proveito e da perda dos bens espirituais e temporais,* impresso em Amsterdã.

Seus pais, posteriormente, descobrindo em Bœhme aspirações elevadas, enviaram-no à escola, onde aprendeu a ler e a escrever. Mais tarde, foi iniciado no ofício de sapateiro. Terminada a aprendizagem, já mestre sapateiro, viajou durante dois anos até estabelecer-se em Gœrlitz. Casou-se e teve quatro filhos, um dos quais herdou seu ofício.

---

1. Frankenberg cita aqui diversos autores, entre os quais os mais conhecidos são Paracelso, Agrícola, e Kircher. – A despeito das mais diversas e contraditórias interpretações que os eruditos procuraram dar à estes dois últimos parágrafos, chamamos a atenção do leitor para seu significado simbólico, seja ele espiritual e alquímico, ou mesmo mítico. Num certo aspecto, a caverna e a montanha constituem dois níveis de uma única realidade: a caverna, enquanto lugar oculto, é simbolo da interiorização e da purificação, do recolhimento e da iniciação espiritual; e a montanha, enquanto lugar manifesto, é símbolo da ascensão e da meta, da sublimação e da realização espiritual. A entrada da primeira é difícil de ser encontrada, e o cume da segunda, de ser alcançado. Normalmente, a entrada da caverna situa-se na base da montanha, mas Bœhme encontrou-a no topo, denotando o alto grau de sua eleição e a qualidade especial de sua iniciação nos mistérios divinos e naturais. (Para um aprofundamento desse simbolismo, v. René Guénon, em Symboles Fundamentaux de la Science Sacrée, Editions Gallimard, 1962.)

2. Na tradução de Alexandre Koyré: "três anciões"

Desde a juventude, Bœhme era temente a Deus, leitor assíduo da Bíblia e gostava de assistir aos sermões. Em meio às múltiplas disputas teológicas e às guerras religiosas de sua época, que lhe causavam grande angústia, foi despertado pela promessa consoladora do nosso Salvador: "... o Pai celestial dará o Espírito Santo aos que o pedirem" (Luc. 11:13). Testemunhou debates e disputas acadêmicas sobre a exegése das Sagradas Escrituras; porém, jamais se satisfez com tais contendas. Fervorosa e constantemente, com toda a simplicidade de seu coração, pediu e buscou a Verdade, batendo à porta do Pai. Então, pela passagem do Pai para o Filho, foi conduzido espiritualmente ao santo Shabat,[3] o glorioso repouso da alma. Assim sua prece foi ouvida. Segundo seu próprio testemunho, ele foi envolvido por uma luz divina, e, durante sete dias, permaneceu na mais alta contemplação divina.

Nessa escola verdadeiramente apocalíptica do Espírito de Deus – hoje rejeitada pela cegueira e maldade dos homens! – os santos patriarcas, os reis, os profetas, os apóstolos e os homens de Deus fizeram seus estudos; descobriram o mistério do reino e do julgamento de Deus; conheceram o mistério de Cristo – a Sabedoria eterna do Pai. Explicaram e divulgaram esses mistérios por parábolas e figuras, sentenças profundas e discursos sublimes, testemunhos e prodígios, sacrificando, por esses mistérios, seus corpos e suas vidas.

É possível que Bœhme tenha recebido uma centelha oculta do Santo Fogo do Amor, comunicada e infundida desde o exterior por uma transmissão mágico-astral dos espíritos estrelados.[4] Certa vez, contou-me que, quando ainda era um aprendiz, na ausência de

---

3. Shabat, Sábado em hebraico, o dia santo dos judeus, o dia do repouso. – *E abençoou Deus o sétimo dia e o santificou, porque nele descansou de toda a obra que fizera* (Gen. 2:3).

4. Longe de uma inflexão pseudo-esotérica, o autor refere-se aqui a uma "benção", uma transmissão espiritual. Presente em todas as Tradições, trata-se de uma influência sutil que pode ser transmitida de diferentes maneiras – pela imposição das mãos, um simples toque, e até mesmo um olhar –, através de um transmissor humano no mundo sensível, ou diretamente do mundo espiritual.

seus mestres de ofício, um estranho, vestido muito simplesmente, de bela aparência e aspecto venerável, entrou na sapataria e quis comprar um par de sapatos. Bœhme não ousou vendê-los, pois não tinha autorização para fazê-lo e sequer sabia o preço. Ante a insistência do estranho, Jacob determinou um preço excessivo, esperando impossibilitar a compra, e assim evitar qualquer censura de seus mestres. O estranho pagou o preço pedido, apanhou os sapatos e saiu. A alguns passos da loja, deteve-se e, com voz alta e decidida, disse: "Jacob, vem até aqui!" A princípio, o jovem ficou surpreso por esse homem totalmente desconhecido tê-lo chamado por seu nome de batismo. O estranho, com ar sério porém amigável, dirigiu-lhe um olhar cintilante de fogo e, tomando-o pela mão direita, disse: "Jacob, és pouca coisa; porém, tornsformar-te-ás em outro homem; serás tão grande que te tornarás motivo de espanto para o mundo. Por isso, sê piedoso e temente a Deus; reverencia Sua palavra, lê cuidadosamente as Santas Escrituras, onde encontrarás consolo e instrução; pois te estão destinadas muitas provações: sofrerás pobreza, miséria e perseguições. Sê corajoso e perseverante. Deus te ama e está a teu lado". Depois disso, fitando-o com olhar penetrante, o estranho apertou-lhe a mão e partiu. Não há indícios que se tenham reencontrado.

Bœhme ficou assombrado com a predição e a exortação daquele homem desconhecido. A fisionomia do estranho jamais abandonou sua mente. A partir de então, Bœhme tornou-se mais austero e atento em suas ações, de modo que pouco tempo transcorreu entre esse chamado espiritual e seu santo Shabat, o glorioso repouso da alma e a alta contemplação divina.[5]

Depois disso, passou a buscar ainda mais a renúncia aos prazeres da juventude. Todavia, mesmo antes desse chamado, Bœhme sempre freqüentou a Igreja, empenhando-se na leitura das Escrituras,

---

5. É interessante observar a semelhança entre o ocorrido com nosso autor e o que sucedeu ao terceiro patriarca de Israel, seu homônimo Jacó: depois de ter recebido a benção de seu pai Isaac, transcorrido pouco tempo, teve a visão da escada pela qual os anjos de Deus subiam e desciam, e em cujo topo estava o Senhor (Iehovah), no lugar denominado pelo patriarca "a porta do céu", "a casa de Deus" (cf. Gen. 27:27-29 e 28:10-22).

assistindo aos sermões e buscando os santos sacramentos. Impelido por zelo divino, não podia escutar nem tolerar palavras e brincadeiras equívocas, particularmente imprecações e blasfêmias. Conta-se que, certa vez, foi obrigado a repreender severamente até mesmo o mestre sapateiro junto ao qual trabalhava. Por amor à verdadeira piedade e virtude, levava uma vida retirada e honesta, privando-se de todo prazer e vida mundanos; conduta absolutamente contrária aos hábitos do mundo, que lhe valeu muitos inimigos, entre os quais seu antigo mestre sapateiro, que o despedira dizendo não suportar semelhante profeta a repreendê-lo.

No ano de 1600, aos 25 anos, foi outra vez arrebatado pela Luz divina. A súbita visão de um vaso de estanho refletindo a luz solar, fez que seu *espírito astral-anímico*[6] fosse introduzido no fundamento mais interior, o *Centro da Natureza Secreta*.[7] Querendo banir de seu coração as dúvidas a respeito dessa nova iluminação, temendo tratar-se de uma ilusão ou alucinação, atravessou a ponte de Gœrlitz, próxima de sua casa, para buscar paz nos campos cobertos de verdor. No entanto, esse dom de visão que acabara de receber persistia e tornava-se cada vez mais claro, de modo que, por meio das *signaturas*[8] – formas, tintas e cores – das coisas à sua volta, Bœhme pôde penetrar, por assim dizer, no coração e na natureza mais secreta de todas as criaturas. (Seu livro intitulado *De Signatura Rerum* – A Signatura das Coisas –, escrito 21

---

6. Segundo a tradução de Koyré "o espírito sidérico de sua alma", expressão que nos parece mais adequada à terminologia de Bœhme.

7. Outra fonte diz mais claramente: "Quando seus olhos caíram sobre um prato de estanho polido que refletia a luz do Sol com um esplendor maravilhoso, percebeu que podia contemplar as coisas na profundidade de seus fundamentos".

8. *Signatura*, literalmente, assinatura, termo mais freqüentemente usado na Alquimia para designar as expressões exteriores das virtudes ocultas das coisas, que, em última instância, correspondem a sua essência, isto é, a seu *verdadeiro nome*. O dom de perscrutar a essência e nomear as coisas é inerente ao homem original: "Tendo pois o Senhor Deus formado da Terra todos os animais terrestres e as aves do céu, Ele os levou a Adão para este ver como os havia de chamar. E o nome que Adão pôs a cada animal é seu verdadeiro nome. Ele os chamou pelo nome que lhes era próprio." [Gen. 19:20]

anos mais tarde, explica e desenvolve mais profundamente essa sua experiência.)

Bœhme encheu-se de alegria e louvou a Deus pela graça recebida. Em seguida, entregou-se aos deveres de pai de família, à educação de seus filhos, vivendo em paz e amizade com todo o mundo. Jamais falou a ninguém da Luz que havia recebido, nem de seu profundo conhecimento de Deus e da Natureza.

Porém, dez anos depois, em 1610, foi chamado uma terceira vez pela vontade e conselho secreto de Deus e, inspirado pelo Espírito Santo, foi dotado e fortificado por uma nova Luz, um novo dom.

Aquilo que nas visões anteriores aparecera multifacetado, revelou-se como uma unidade. Bœhme, agora, reconhecia a ordem divina da Natureza.[9]

Para não esquecer a graça tão grande que acabara de obter e não desobedecer a um mestre tão santo e consolador [o Espírito Santo], pôs-se a compor apenas para si mesmo, em 1612, seu primeiro livro (*A Aurora Nascente*); o que surpreendeu a muitos, pois não tinha recursos, nem outro livro além da Bíblia. Não mostrou seus escritos a ninguém; exceto a um cavalheiro renomado que, casualmente, viu-os com o autor e insistiu para folheá-lo. Dependendo

---

9. Seu primeiro livro foi escrito dois anos mais tarde, a partir dessa terceira iluminação. Contudo, embora tivesse alcançado a revelação do todo, ainda não havia chegado à visão perfeita das partes e de sua interação recíproca – como indica o título de seu primeiro livro, *A Aurora Nascente*; o Sol chegaria ao zênite apenas anos mais tarde. Numa de suas cartas, Bœhme descreve esta terceira iluminação: "Abriu-se para mim uma larga porta; em um quarto de hora, vi e aprendi mais do que veria e aprenderia em muitos anos de universidade. Por essa razão, estou profundamente admirado e dirijo a Deus meus louvores. Vi e compreendi o Ser dos seres!, o Abismo dos abismos, a eterna geração da Santíssima Trindade, a origem do Mundo e de todas as criaturas pela Sabedoria divina. Contemplei os três mundos: o mundo divino e luminoso (angélico e paradisíaco); o mundo tenebroso e infernal (o núcleo original da Natureza e fundamento do Fogo); e este mundo exterior e visível (a geração exterior dos dois mundos espirituais: o Tenebroso e o Luminoso). Vi e conheci toda a essência do trabalho original do Bem e do Mal, e a existência de cada um deles; e, também, como frutificou com vigor a semente da eternidade. De tal maneira que fiquei desejoso dessa semente e rejubilei-me." (*Epístolas Teosóficas*: epístola 12, vers. 7 e 8.)

de Bœhme, tal manuscrito jamais viria a público. Porém, o cavalheiro, chamado Karl von Endern, desejando possuir esse tesouro oculto, dividiu a obra em partes e, com alguns amigos, pôs-se a copiá-la dia e noite. Um rumor a respeito dessa obra espalhou-se e chegou aos ouvidos do primeiro pastor de Gœrlitz, o pastor-primaz Gregor Richter, que, sem tê-la visto ou examinado, condenou-a desde o púlpito, como é o costume dos eruditos de escola. Esquecendo a caridade cristã, caluniou e injuriou nosso autor, a ponto de o magistrado de Gœrlitz ser forçado a intimá-lo à sua presença, apreender o manuscrito e proibi-lo de escrever, recomendando-lhe o provérbio: *"Sutor ne ultra crepidam"* ("O sapateiro não vai além do sapato"). Jacob Bœhme submeteu-se com a maior resignação.

Nesse incidente, podemos ver a ação das Trevas combatendo a verdadeira Luz divina, manifestando-se em seus membros e instrumentos, pelo mistério da maldade, contra tudo o referente e proveniente de Deus. Dessa forma, observa-se o príncipe das Trevas sublevando-se, malévola e cegamente, contra Cristo – o Verbo Essencial Vivificante – e contra Deus, seu Senhor, não se detendo enquanto não provocar a queda de um inocente. Por isso, é preciso que sofra a cólera eterna nas chamas infernais; que seja privado eternamente da Luz bem-aventurada e da face de Deus. Ai dele e de seus filhos infernais! Ai das línguas de víbora, caluniadoras e irreconciliáveis! Ai dos corações de tigre!...

O homem santo e paciente observou, por submissão a seus superiores, um *shabat* perfeito durante sete anos, sem que sua mão sequer tocasse a pena. Porém, tendo sido fortificado e despertado por uma quarta vez, e incitado por pessoas tementes a Deus e versadas nas ciências naturais a não esconder a luz debaixo da cama, mas, ao contrário, espalhá-la cada vez mais, Bœhme retomou sua pena e produziu muitas obras. A primeira delas *(Os Três Princípios da Essência Divina)* no ano de 1619.[10]

---

10. Quando escreveu este livro sobre os três princípios da essência divina, sete anos depois de *A Aurora Nascente*, logo após sua quarta revelação, sua iluminação já atingira dia pleno. Frankenberg relaciona aqui as obras de Jacob Bœhme; entretanto, por ser muito extensa, optamos por apresentar a bibliografia completa do autor nas últimas páginas deste volume.

Doutor em medicina e química, Balthasar Walter, famoso viajante, nativo da Silésia, que morou três meses com Jacob Bœhme e desfrutou por longo tempo de sua amizade, atribuiu grande valor à obra de Bœhme.[11] Diversas vezes, disse não ter encontrado em suas longas e difíceis viagens pelo mundo – inclusive durante os seis anos que passou entre os árabes, sírios e egípcios para aprender a verdadeira sabedoria oculta (Magia, Cabala e Química), normalmente denominada Teosofia[12] – senão alguns fragmentos dispersos da Ciência que procurava. Afirmou não tê-la encontrado

---

11. Referindo-se especialmente ao livro *As Quarenta Questões sobre a Alma*, traduzida ao latim, em 1632, sob o título *Psychologia Vera* e retraduzida ao alemão, em 1650.

12. Teosofia – Do grego *Theos* (Deus) e *Sophia* (sabedoria): a Sabedoria de Deus. Esta só pode ser realmente alcançada, ou recebida, através de uma experiência direta com o divino, numa iniciação interior. A verdadeira Teosofia (e não a moderna falsificação que se apropriou desse nome), reúne em seu corpo doutrinal as diversas ciências tradicionais, ou sagradas, entre as quais a Teologia, a Cosmogonia, a Filosofia, a Astrologia, a Ciência das Letras e dos Números, e a Alquimia, todas tendo como função a regeneração e a iluminação do próprio ser que as estuda e pratica. Tais ciências, entendidas em seu sentido profundo, reproduzem rigorosamente o processo cosmogônico e escatológico, realizando a totalidade das possibilidades de um ser, analogamente às leis da manifestação divina.– A Alquimia, que no tempo de Frankenberg também era chamada simplesmente de Química, é o processo de transmutação de todas as partes componentes do ser, normalmente acompanhado de práticas de laboratório em que a transmutação metálica acompanha e espelha o processo daquele que as empreende, seguindo a grande máxima hermética que diz: "O que está em baixo é semelhante ao que está em cima, e o que esta em cima é semelhante ao que está em baixo". – Cabala, em hebraico, tradição ou recepção, é a Teosofia judaica, ou o ramo judaico da grande Tradição universal. – A Magia, enquanto Teurgia, integrante de um ensinamento tradicional, é o conhecimento das práticas necessárias para pôr em ação a influência divina; porém, até a época de Frankenberg, o termo Magia chegava a significar o mesmo que Teosofia (Cf. *Amphitheatre de l'Eternelle Sapience*, de Heirich Khunrath), sentido que sem dúvida se perdeu. Dentre os verdadeiros Magos, pertencentes à Tradição dessa Magia divina, pode-se citar os três reis magos que vieram do oriente para adorar o menino Jesus (Mateus 2). (Para uma melhor compreensão da Alquimia e das outras ciências tradicionais, v. *Alquimia*, de Titus Burckhardt, Publicações Dom Quixote, Lisboa, 1989, e também Guénon, op. cit.)

em lugar algum em forma tão profunda, sublime e pura, quanto na obra desse homem simples, essa pedra angular rejeitada pelos sábios dialéticos e doutores metafísicos da Igreja.

Pois, desprovida da Luz celeste e sobrenatural do Espírito Santo – que é interior, doce, benévola, evangélica e universal –, a luz artificial e natural [a razão] é sempre e apenas exterior, acre, parcial e incompleta. Conseqüentemente, é preciso distinguir justa e maduramente os dons do Espírito, segundo seu fundamento original, e também segundo seus frutos e rebentos, reconhecendo em cada um a função que lhe cabe – como membros do corpo ou utensílios da casa, todos necessários em suas diferentes funções [Cf. 1 Cor. 12:12-31] – e não fazer como a orgulhosa Babel, que para tudo tem um só peso e medida, fazendo passar por herético todo aquele que não está imediatamente de acordo com o espírito vigente, como se fez com nosso Teósofo Alemão. Em suas obras, Bœhme desvelou totalmente a natureza dessa confusão espiritual.[13]

Bœhme não criou as expressões latinas e os termos técnicos, especialmente os empregados em suas últimas obras, tampouco os aprendeu nos livros; reteve-os pela conversação e pela correspondência que manteve com doutos – médicos, químicos e filósofos. Muitas vezes, lamentou não ter aprendido ao menos a língua latina, principalmente por não encontrar no alemão palavras suficientes para exprimir convenientemente a multidão de coisas maravilhosas que pairavam ante seus olhos. Para tornar seus pensamentos inteligíveis precisou da língua da Natureza e dos outros homens. Por isso, gostou tanto da palavra grega *idea,* fornecida por mim: parecia-lhe uma bela e pura virgem do céu, uma deusa espiritual corporal exaltada.

Escrevia muito lentamente e não gostava de corrigir ou suprimir uma só palavra. Escrevia tal qual o Espírito de Deus o havia inspirado, de forma nítida e sem correções. Quantos eruditos estão desprovidos dessa vantagem! Quão importante é, ao verdadeiro

---

13. Babel: do hebraico *balal*, "confundir", corresponde ao acádico *babilu*, "Babilônia". Erguida pela razão não iluminada e pelo orgulho dos homens, Babel é simbolicamente a origem de todas as seitas e disputas entre as verdadeiras Tradições religiosas.

sábio, a inspiração do Espírito e a consolação da Sabedoria e da Verdade divinas; coisas das quais os pretensos sábios nada querem saber, permanecendo privados, por seu próprio arbítrio, da verdade oculta e do profundo conhecimento da sabedoria secreta.

Contou-me que, certa vez, um estranho de baixa estatura, distinta figura e ar espiritual, bateu à sua porta. Após saudá-lo polidamente, disse saber que ele, Bœhme, era dotado de um dom muito especial, bastante incomum, e, argumentando que cada um devia partilhar com seu próximo o bem que recebera, pediu que lhe concedesse ou vendesse esse dom – proposta semelhante à que Simão, o Mago, fez aos apóstolos (Cf. Atos, 8:9-25). Bœhme agradeceu a oferta, mas disse que de modo algum possuía o que o estranho pensava encontrar nele, e que considerava-se totalmente indigno de tais dons e artes. Afirmou que todo seu saber consistia simplesmente em viver e caminhar na fé, confiante em Deus, e ser caridoso para com seu próximo, e que nada sabia de dons especiais. Finalmente, observou-lhe que, se realmente quisesse obter dom semelhante ao seu, deveria fazer, como ele, uma rigorosa penitência, e pedi-lo fervorosamente a Deus Pai, que está no céu – assim seria conduzido à toda verdade. Esse homem não quis contentar-se com isso, e acossou-o com uma falsa conjuração mágica, querendo arrancar, à força, o pretenso "dom particular". Bœhme, ante aquela afronta, segurou fortemente a mão do estranho e olhou-o fixamente, na intensão de amaldiçoar sua alma perversa. O estranho tremeu de pavor e pediu-lhe perdão; Bœhme, apiedando-se, exortou o importuno a renunciar à simonia e ao diabolismo, e pediu que se retirasse.

É preciso ressaltar que, apesar de sua extrema firmeza no combate espiritual, Bœhme era homem de grande doçura, paciência e humildade; e que além disso possuía o dom de perscrutar profundamente o espírito humano e descobrir as sinuosidades de seu coração; o que pode ser comprovado pelo seguinte relato:

Um dia, Bœhme estava na casa de um certo cavalheiro, quando o sr. David de Schweidnitz convidou-o a visitá-lo em seu castelo em Seiferdorf. Bœhme aceitou o convite e preparou-se para partir. Um médico, que estava presente àquela ocasião e alimentava grande rancor contra Bœhme, subornou o cocheiro que o levaria nesta viagem, para que o lançasse no grande charco que havia no caminho por onde seriam obrigados a passar. O cocheiro assim o fez; porém, vendo que nosso autor não somente se enlameara, como previsto, mas ferira a cabeça numa pedra, pôs-se a chorar e correu ao castelo para contar o ocorrido. O sr. Schweidnitz foi a seu socorro e instalou-o numa edícula do castelo, para que fosse medicado e vestisse roupas limpas. Já refeito, Bœhme apresentou-se no salão e cumprimentou a todos.

Estavam presentes também os filhos do senhor do castelo; Bœhme aproximou-se de uma das filhas e cumprimentou-a, dizendo: "Eis a pessoa mais piedosa de toda a sociedade", e impôs as mãos sobre sua cabeça, dando-lhe uma bênção especial, ao que o pai da donzela reconheceu tratar-se do mais sábio dentre seus filhos.

Entre os hóspedes, estava o cunhado do sr. Schweidnitz, acompanhado de esposa e filhos. Este homem, inimigo jurado de Bœhme, começou a provocá-lo, chamando-o de profeta e pedindo que fizesse uma predição. Nosso autor desculpou-se, afirmando não ser profeta, mas um homem simples que jamais se arrogara a predizer a sorte, e rogou-lhe insistentemente que o poupasse desse epíteto. O cavalheiro continuou a atormentá-lo, insistindo que predissesse algo, a despeito da solicitação de seu cunhado para que deixasse seu convidado em paz. Jacob Bœhme, ultrajado com essa conduta e não encontrando sossego, por fim, disse ao cavalheiro: "Visto que queres a todo custo que prediga algo, serei forçado a dizer-te o que não gostarias de ouvir". Empalidecendo, o cavalheiro continuou, no entanto, a desafiá-lo. Em vista disso, Bœhme pôs-se a relatar a vida ímpia e escandalosa que o homem levara até então, tudo quanto lhe ocorrera e o que lhe ocorreria caso persistisse nessa conduta, observando que seu fim estava bem próximo. O cavalheiro sentiu-se humilhado, e foi tomado por uma ira tão grande, que tentou lançar-se sobre nosso autor para agredi-lo. O sr. Schweidnitz impediu-o; providenciou para que Bœhme pernoitasse na casa do pároco da região e, na manhã seguinte, fez com que fosse conduzido a Gœrlitz. O cavalheiro, envergonhado e confuso, com raiva e cólera no coração, não querendo permanecer ali por mais tempo, partiu a cavalo em direção à sua própria casa. No caminho, caiu de sua montaria e quebrou o pescoço, sendo encontrado na manhã seguinte morto na estrada.

O sinete costumeiro de Bœhme mostra uma mão saindo do céu, segurando um ramo com três lírios em flor, que simboliza o arrebatamento mágico (*Raptum magicum*): como a vara florida de Aarão; o reino do lírio no paraíso de Deus, que se manifestará no final dos tempos, quando o fim for levado novamente ao seu início e o círculo for fechado; o ramo de oliveira da paz trazido pela pomba de Noé depois do dilúvio espiritual; o ramo de ouro de Enéias; o ramo das maçãs de ouro do jardim das Hespérides, conquistado por Hércules, depois de ter vencido o dragão. Esse ramo, tão citado pela filosofia oculta, é sempre o testemunho da vitória, o selo obtido no singular combate da alma. É a coroa de pérolas da qual nosso autor tanto fala em alguns de seus tratados, em *O Caminho para ir a Cristo* e outras obras; coroa conhecida apenas por aqueles que colheram esse nobre ramo e obtiveram essa bênção na luta espiritual, a luta de Jacó [v. Gêneses 32:23-33].

Sua divisa, ou inscrição costumeira, particularmente em suas cartas, era: "Nossa salvação na vida de Jesus Cristo em nós", para marcar a sublime união do homem com Deus pela fé, através do Amor de Jesus Cristo, no qual está a nobreza original, no mais perfeito grau, e a consolação suprema das almas fiéis, na alegria inexprimível e na paz eterna.

Tinha o costume de escrever no álbum de seus amigos: "Aquele para quem o tempo é como a eternidade e a eternidade como o tempo está livre de todo conflito".

Era um homem de estatura frágil e pequena; tinha uma aparência comum, a fronte baixa, as têmporas elevadas, o nariz um pouco aquilino, os olhos cinzas puxando para o azul do céu brilhante, uma barba curta e delgada, uma voz dura, contudo agradável. Tinha um caráter discreto, era comedido em suas palavras, humilde em sua conduta, paciente em seus sofrimentos, e de coração terno. Por suas Obras, pode-se julgar todo seu caráter e seu espírito providos dos dons celestes.

Sobre sua morte bem-aventurada, descrita noutro lugar em todos os seus detalhes, falaremos apenas sobre o que nos pareceu mais notável.

Em 1624, Jacob Bœhme passou algumas semanas na Silésia, com o sr. Jean Sigismond de Schweidnitz, e comigo, Abraham von Frankenberg. Durante esse período, proferiu vários discursos sobre o sublime conhecimento de Deus e de Seu Filho, particularmente sobre a Luz da Natureza secreta e manifesta, e redigiu, para nós, as três tábuas da manifestação divina.

Nessa ocasião, acometido por uma febre ardente, pediu para ser levado à sua casa em Gœrlitz, pois estava gravemente enfermo. Após fazer a profissão de fé evangélica e receber o penhor da graça, faleceu, domingo, 17 de novembro. Em seu leito de morte, perguntou a seu filho mais velho se também ouvia a bela música. Como sua resposta foi negativa, o moribundo pediu que as janelas fossem abertas, a fim de que o melodioso canto pudesse ser melhor ouvido. Em seguida, perguntou as horas e, quando lhe responderam que logo soaria três horas da manhã, disse: "Ainda não chegou minha hora; faltam ainda três horas para minha partida". Nesse intervalo, pronunciou somente as seguintes palavras: "Deus Forte, Deus Tsebaoth, salva-me, segundo a Tua Vontade! Senhor Jesus Crucificado, tem piedade de mim e receba-me em teu reino". Às seis horas, disse adeus à sua esposa e a seu filho, abençoou-os, e disse: "Agora parto ao Paraíso". Em seguida, pediu a seu filho que ficasse de costas, deu um profundo suspiro e adormeceu no Senhor.

Talvez deva-se mencionar aqui o relato de Jean Rudolf Camerarius, médico, sobre a morte de Janus Dousa, senhor de Nordwyck e de Kattendyck. Quando o mencionado sr. Janus Dousa estava prestes a morrer, foi admitido, em êxtase, na entrada secreta das almas; provou as virtudes do outro mundo, vendo e sentindo antecipadamente as delícias da imortalidade; coisa que os mortos só obtêm mediante uma piedosa preparação durante a vida. Quando essa bem-aventurada alma viu, sem sofrimento algum, aproximar-se sua última hora, exclamou diante de todos os presentes: "O que ouço? Será que só eu o ouço? Que voz! Que canto maravilhoso!" Surpresos e nada tendo ouvido, todos perceberam que esse homem amado por Deus fora admitido nas maravilhas e mistérios divinos, não vivendo mais à maneira humana ou terrestre, mas à maneira celeste, e que logo ocuparia sua morada, o lugar de repouso eterno, outrora perdido em Adão. Tais êxtases e antegozos foram mais comuns e mais conhecidos entre os antigos cristãos, piedosos e simples, que entre os cristãos de hoje, seduzidos tão somente pelas frivolidades e pelas ciências deste mundo. As histórias dos santos e de outros homens que morreram no Senhor, no santo Shabat e em Tsebaoth, fornecem-nos abundantes exemplos desse tipo de êxtase.

Nosso autor foi devidamente sepultado, mas não sem grande contrariedade e forte oposição do Pastor-Primaz de Gœrlitz. Sobre seu túmulo, foi erguido um monumento com um honroso epitáfio,[14] que pouco depois foi destruído por instigação do demônio.

Era uma cruz de madeira negra com a inscrição *Yeoshua* (Jesus em hebraico) e doze raios de sol em ouro. Abaixo da cruz, via-se uma criancinha apoiando seu braço e sua cabeça sobre o crânio de um morto com as letras: U.H.I.L.J.C.I.U., abreviatura de *Unser Heil Im Leben Jesu Christi In Uns!* (*Nossa salvação na vida de Jesus Cristo em nós*). Num oval abaixo destas letras, liam-se as seguintes palavras: "Nascido de Deus, morto em Yeoshua, marcado com o selo do Espírito Santo, aqui repousa Jacob Bœhme, nascido na antiga Seidenburg, falecido no ano de 1624, no dia 17 de novembro, às 6 horas da manhã, aos cinqüenta anos de idade".

À esquerda, pintada sobre a cruz, uma águia negra sobre uma montanha, esmagando a cabeça de uma grande e tortuosa serpente com sua garra esquerda; com a direita, segurando um ramo de palmeira, e em seu bico, um ramo de lírio, recebido do Sol, com a palavra *Vidi*.

À direita, um leão com uma coroa de ouro encimada por uma pequena cruz; a pata traseira direita apoiada sobre um cubo e a esquerda sobre um orbe imperial; segurando uma espada flamejante com a pata dianteira direita, e com a esquerda um coração inflamado, onde se lia a palavra *Vici*.

---

14. A reprodução de sua lápide encontra-se no final deste relato.

Na haste da cruz, sob uma palmeira, um cordeiro com uma mitra sobre a cabeça (emblema semelhante pode ser encontrado na 29ª das 33 figuras mágicas de Paracelso), pastando num verde campo entre as flores e com uma fonte a jorrar, com a palavra *Veni*. Estas três palavras devem ser entendidas como o verbo único de Cristo da seguinte maneira: *In mundum VENI! Sathanam descendere VIDI! Infernum VICI! Vivite magnanime!* (Vim ao mundo! Vi Satanás descer! Venci o Inferno! Vivei magnanimamente!)

Finalmente, ao pé da cruz, subindo em direção ao oval, liam-se suas últimas palavras: "Agora parto ao Paraíso".

Eis tudo que achamos digno de ser ressaltado da vida simples de Jacob Bœhme, nosso piedoso teósofo alemão, a partir de sua própria narrativa e relatos fiéis de seus amigos íntimos.

Todavia, se há pessoas que queiram escandalizar-se com a simplicidade do autor, ou duvidar da indentidade da pessoa, isto é, que um outro se tenha ocultado sob seu nome, para apresentar ao mundo princípios novos e desconhecidos, ou para restabelecer uma antiga heresia condenada, ou para espalhar entre o povo um diabolismo inventado ou desenterrado do fundo dos infernos – que nos dias de hoje são bastante comuns em meio aos altercadores da escola aristotélica e entre nossos sumos sacerdotes da moda –; que tais pessoas considerem-se advertidas por Deus e Sua Verdade eterna, que não se deixem levar por pensamentos absurdos ou calúnias. Deus, segundo Seus sábios desígnios e segundo Sua benévola Vontade, não quis escolher alguém elevado, poderoso, nobre, sábio, ou rico; mas alguém humilde, fraco, pobre, louco, e que nada fosse aos olhos do mundo, a fim de confundir o que é elevado e poderoso. Pois Deus confunde os orgulhosos e derruba os poderosos de seus tronos, e eleva os pobres do pó e concede aos humildes todas as graças [v. 1 Cor. I 25:29]. O mistério do Senhor está nas mãos daqueles que O temem, e Ele os faz conhecer Sua aliança.

A história nos dá muitos exemplos de dons celestes, que aprouve ao Senhor derramar sobre os homens. Deus não faz distinção de pessoas: não importa qual seja sua nação, raça, língua e estado, quem quer que O tema e pratique o bem Lhe é agradável

[Cf. Atos 10:34,35]. Assim, Lhe é fácil fazer de um pastor, como Amós [Amós 7:14] e Davi [Cf. 1 Sam. 16:11], um profeta e um rei; fazer de um publicano como Mateus, um evangelista [Mat. 9:9-13]; de ignorantes e pecadores, como Pedro e André, Tiago e João, apóstolos [Mat. 4:18-22]; ou de um perseguidor e artesão, um vaso de eleição, como fez de um Saulo um Paulo [Cf. Atos 9:21]. Assim, Ele podia fazer outro tanto de um pobre e desprezado sapateiro. Não pode Deus fazer de nada alguma coisa, e mesmo tudo o que Lhe agrade? Ou o Todo-Poderoso não pode dispor daquilo que Lhe pertence, segundo Sua vontade?

Ó orgulhosos fariseus, invejosos sumo-sacerdotes e presunçosos doutores da lei! Estais zangados pelo fato de nosso Senhor, nosso Pai, nosso Deus cheio de misericórdia ser tão bom para com Seus filhos? Ide morder de raiva e cólera a vossa língua, rangei os dentes, arrancai e devorai vosso ciumento e ímpio coração, provando com isso que sois nutridos pela antiga serpente e pelo vingativo inferno, e que todas as vossas astúcias e toda vossa arte provêm dos infernos, e não de Deus em Cristo, nem do Espírito Santo, nem do Verbo da graça e da Verdade.

Nestes dias em que o cristianismo está subvertido e destruído, tendo toda carne corrompido sua via ante o Senhor – particularmente o malévolo em sua devoção dita espiritual e cristã, mas reconhecidamente carnal e anti-cristã, que cobre seus vícios com um exterior brilhante, mas ainda carrega no coração a sede do sangue e o gládio da vingança infernal – não seria necessário que Deus tornasse a falar outra vez, por outra boca, a estes povos seduzidos e a seus cegos condutores?[15]

---

15. É preciso observar que quando Frankenberg escreveu este relato, a guerra de Trinta Anos (1618 a 1648) só havia terminado oficialmente há três anos: uma guerra que começou no interior de uma Alemanha fortemente dividida por questões religiosas e sectárias, entre partidários da Reforma Protestante – iniciada por volta de 1520 com Lutero – e partidários da Contra--Reforma católica; e também entre partidários das diversas divisões que surgiram na primeira, e que acabou por estender-se por quase toda a Europa, matando no seu transcorrer quase a metade da população da Alemanha.

Não me estenderei mais sobre isso, pois a triste experiência dos corações que amam verdadeiramente a Deus dão fé de quantos testemunhos e exemplos incontestáveis há disso. Quem tem ouvido para ouvir e olhos para ver, que veja e ouça o que o Verbo e a Luz da Verdade diz e mostra através do testemunho de seus eleitos. Verá, então, que o céu e a terra fazem guerra à espécie humana atual, e um outro tempo e engendramento está sendo preparado. Este novo tempo se manifestará a todo o universo do Oriente ao Ocidente [Cf. Luc. 17:24], como um relâmpago – em menos de um instante – e trará o sétimo dia feriado (ou ígneo) e o dia do juízo final (ou shabat), que os santos profetas, os apóstolos e outros homens iluminados por Deus sempre viram em espírito, e desde o início anunciaram. Por isso bem-aventurado será o servo que estiver vigilante quando seu mestre chegar [Cf. Luc. 12:37].

Enfim, que ninguém se lance contra esta pedra angular da simplicidade, para que não se quebre, mas antes eleve sua coragem, e considere que o céu é mais alto lá onde a terra é mais baixa, pois, segundo o Verbo do Senhor, todas as colinas e todas as altas montanhas serão rebaixadas e os vales elevados, a fim de que tudo seja aplainado e se possa caminhar sem tropeços no país do Vivente [Cf. Luc. 3:5].

Que o Senhor, o Altíssimo, seja louvado; Ele, que rebaixa um e eleva outro, e concede Seu Espírito quando e a quem quer, a fim de que nenhuma carne se vanglorie diante d'Ele.

Quanto ao dom específico de Bœhme – concedido por Deus, o supremo e único dispensador de todo o Bem, a esse vaso de terra desprezado pelo mundo descrente e orgulhoso, e vertido do alto do céu como um grande tesouro e uma pérola preciosa –, é de tal dignidade e bondade que, em minha opinião (se é que se tem janelas abertas em direção à Jerusalém), desde o tempo dos apóstolos, não foi revelada aos habitantes da terra uma base tão sublime e profunda do conhecimento essencial da santíssima tripla unidade de Deus, da Luz da Natureza oculta e manifesta, e também da Santidade e da Graça.

É preciso considerar principalmente o motivo de Deus ter concedido um dom tão sublime à nossa nação subvertida e devastada, espiritual e corporalmente, e não a uma outra nação; e, além disso, por meio de uma pessoa tão humilde e tão pouco considerada. Nestes tempos tão conturbados, em que tudo está como que sepultado na morte, num sono profundo, na lama, no tormento dos cuidados temporais da volúpia e do comer bem; em que os homens negligenciam as graças eternas e invisíveis e o reino celeste de Deus e de Cristo, e debatem-se apenas pela escama e pela casca da letra morta, e por esta vida e por este corpo perecível terrestre; em que fazem a guerra, matando-se uns aos outros, destruindo tudo pelo ferro e pelas chamas, perseguindo-se e condenando-se reciprocamente, tudo por amor às próprias honras vãs e ignominiosas, pela volúpia e pelos interesses vis, conduzindo-se como se não houvesse justiça ou juízo, nem felicidade nem condenação eternas, nem fé nem conhecimento, nem céu nem inferno, nem anjos nem demônios, nem vida nem morte; sim, como se jamais tivesse havido Deus, como se jamais houvesse algo a esperar nem a temer.

Nosso autor demonstrou até a evidência, com argumentos incontestáveis, o quanto devemos envergonhar-nos da cegueira e depravação dos homens; provou de maneira irresistível a grande bondade, sabedoria e onipotência de Deus para com os homens; pregou firmemente, e não sem sofrimentos, a penitência. Lendo suas obras com alguma atenção e imbuindo-se da simplicidade do cristianismo, o leitor reconhecerá a verdade de suas palavras.

Nosso autor também falou de certas coisas – particularmente dos mistérios até então velados do engendramento divino e humano, celeste e terrestre, angélico e demoníaco, e de suas naturezas e qualidades – que muitos leitores não compreenderão na primeira abordagem. Deverão então remeter o que não compreenderem ao Espírito de Deus, esperando que uma luz se revele a quem for digno de ter sua intelecção e permita compreendê-lo melhor. Pois, segundo Sua Sabedoria eterna, Deus não revela ao homem, nem imediatamente nem de uma só vez, a profundidade de Seus segredos; somente de tempos em tempos lhe concede alguns relâmpagos ou raios.

Não se pode julgar os escritos inspirados por Deus com raciocínios comuns e pagãos (considerando que é costume misturar às obras e palavras do Espírito Santo a dialética ímpia e pesada de Aristóteles, a retórica tagarela e a metafísica louca, para censurá-las e criticá-las de uma maneira blasfema). É necessária a manifestação divina e a regeneração no espírito da alma, isto é, a manifestação, em nós, da Luz da Verdade e da Graça ocultas de Jesus Cristo – o benévolo Verbo de Deus –, semente do reino de Deus e vislumbre e antegozo das virtudes do outro mundo. Como o cita cego pode julgar a luz divina? O que o judeu preguiçoso pode dizer do Verbo vivente? Ou o grego insensato, do espírito da Sabedoria eterna, do qual nada viu, ouviu, ou compreendeu?

Os homens iluminados, entre pagãos, judeus e cristãos, que viveram no Verbo eterno e vivente, estudaram seus oráculos, suas palavras e operaram seus prodígios de maneira bem diferente daquela das sinagogas das alturas de Babel e de Israel.

Poderíamos citar muitos outros exemplos, se fosse apropriado fazê-lo aqui. Porém basta que se consulte as seguintes obras: *De Oculo Sydereo, De Triade Mystica, De Via Veterum Sapientum, De Evangelio Exultartum, De Judicio Theomantico, Sephiriele, Raphaele*, etc.

O Sistema de Jacob Bœhme

por   ADAM MICKIEWICZ

Des Gottseligen Hocherleuchteten
IACOB BÖHMEN
Teutonici Philosophi
Alle Theosophische Schrifften.

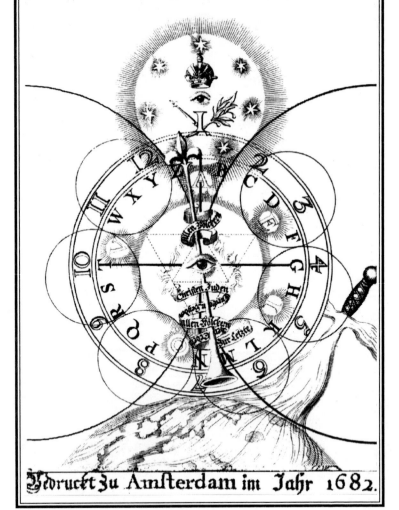

Gedruckt zu Amsterdam im Jahr 1682.

A UNIVERSALIDADE DEUS-SATÃ

No seio daquilo que chamamos "Deus" está compreendida a universalidade das manifestações sobrenaturais, naturais e contrárias à Natureza.[16] É impossível e vedado apreender Deus fora da Natureza. A natureza de Deus não é visível; falamos do invisível, do impalpável, de tudo que está acima e além dos sentimentos e dos sentidos humanos.

Deus, enquanto universalidade, compreende as Trevas e a Luz, os sofrimentos e a felicidade, as profundezas e as alturas. Ora, uma vez que Ele manifestou-Se inteiramente no Homem,[17] e este comunica-se com todos os elementos da ação divina, o ser humano pode, perscrutando a si mesmo até o fundo, *descer aos abismos* de sofrimento, que chamamos inferno, *elevar-se às alturas*, que chamamos céus, e *penetrar o meio* – o centro mais íntimo de sua existência – que se chama verdadeiramente Deus.[18]

O Espírito existindo só, sem nada que Lhe seja exterior, sem nada que seja outro que Ele, é um espírito que transcende e antecede a Criação. O Espírito concentra-Se, e essa concentração

---

16. Pois, sendo Absoluto, o Ser abarca tanto o ser quanto o não-ser, e resolve em Si todos os opostos.

17. Trata-se, aqui, do *Homem Primordial*, do primeiro Adão; condição esta perdida na Queda, e resgatada, para a humanidade, pelo segundo Adão, Jesus Cristo.

18. Esta é, possivelmente, uma alusão às três etapas do trabalho interior, ou alquímico: respectivamente, a obra em negro, a obra em branco e a obra em vermelho, etapas que devem ser entendidas não apenas sucessivamente,

O oprime, encerra-O, pesa sobre Ele e excita n'Ele o desejo de escapar deste peso, deste círculo que se atrai a si mesmo e torna-se Trevas. O Espírito, concentrando-Se, obscurece-Se, começa a sofrer, a azedar. Produz-se no seio dessa encubação do Espírito – que encuba a Si mesmo – uma tendência a sair do estado de pressão (movimento que Bœhme denomina *rotação*), até que o aguilhão (centelha) interior do Espírito – a tendência exteriorizante –, detido e atraído sobre si mesmo, explode em raios de Chama e Luz. Essa Chama é a manifestação exterior do Espírito; é o fim, a meta, o limite extremo da Natureza.[19] Desse Raio e dessa Chama nasce uma Luz, uma doçura, uma alegria, um gozo, nasce o que realmente chamamos Deus. Em primeiro lugar, no processo de manifestação de Deus, há a *escuridão* infinita e o choque caótico da infinidade de elementos que, por sua concentração e pressão, produzem uma *Chama*; em segundo lugar, a *Chama*, que é o termo extremo daquilo que denominamos de Natureza de Deus; e, por fim, a *Luz*, que é verdadeiramente Deus.

Bœhme sempre compara este corpo da manifestação divina às luzes terrestres; nas quais se vê um fundo escuro, uma matéria inflamável que sai deste fundo, torna-se chama, e faz surgir à sua volta um halo de luz. Em cada luz há, pois, um fundo tenebroso, frio, aspirando à luz, desejoso e, conseqüentemente, desventurado; depois uma chama que manifesta esse anseio, esse desejo ardente; e, por fim, uma luz que leva a toda parte o sentimento de alegria e felicidade, e que, no entanto, alimenta-se das trevas e do choque dos elementos, que encontram sua unidade apenas na luz.

Desde toda a eternidade, existiu, existe e sempre existirá, em Deus, um fundo tenebroso – o Caos, a Noite do Tempo, a Cólera de Deus, – de onde brota, como das tenebrosas profundezas da terra, a clara Fonte da Vida e do Espírito. Existe e sempre existiu, em Deus, esse choque de elementos que saem das Trevas para a Luz. Existe e sempre existirá, em Deus, a verdadeira

---

19. Não nos esqueçamos que o Espírito é enfocado aqui num momento anterior à criação física e manifesta. (N.d.A.)

O SISTEMA DE JACOB BŒHME / 39

manifestação, a vida íntima de todos esses elementos, como Luz, como felicidade, enfim, como aquilo que chamamos Céu. Porém, em Deus, tudo isso existe como perfeita harmonia; n'Ele não existe nenhum sentimento de trevas ou sofrimento; assim como um homem saudável não tem nenhum sentimento do amargor do suco bilioso que nele existe, nem da acidez da bílis, nem de nenhuma das ações inferiores e físicas que, não obstante, constituem sua vida, alimentam-no, e cujo tenebroso trabalho produz os raios e o doce calor que anima seu coração e resplende em seus olhares.

Não havia, pois, em Deus, sofrimento algum, embora houvesse um centro tenebroso, pleno de sofrimento e sofrendo continuamente, mas que, por assim dizer, não tinha consciência de seus sofrimentos e integrava-se à universal harmonia da felicidade divina. Deus extraía dessas infinitas e obscuras profundezas das forças Naturais uma chama de vida; do inferno, extraía a manifestação da Natureza; tirava, como se poderia dizer, dessa bílis infinita e universal, dessas misteriosas vísceras e desse choque dos sucos interiores, uma chama organizadora e uma luz consciente de sua existência. Assim, Deus existia como uma individualidade incompreensível, da qual a individualidade humana é imagem e semelhança. Essa existência manifestava-se em criações, produções e deleites, à semelhança do que ocorre com uma individualidade humana comum. Esta é a história da condição divina antes da criação do mundo e antes mesmo da queda de Lúcifer, segundo Bœhme.

Nessa condição divina, a cada momento, a cada ínfima parcela de um momento, surgia, da tenebrosa infinidade, uma infinitude de tendências, às quais o Espírito central dava uma realidade: surgiam, do Infinito, qualidades específicas que se tornavam existências, individualidades; surgia desse caótico vesúvio, uma infinidade de hálitos, fontes de gás, que se inflamavam e tornavam-se raios; enfim, dessa Universalidade, surgia uma contínua e inumerável criação angélica, que se chama realmente Deus. Pois não é chamado homem os intestinos do homem; assim, também o sofrimento, o desejo e a cólera que existem na

Universalidade não são Deus e não podem ser chamados Deus. "Homem" é o extrato, a chama, a luz que emerge de seu fundo tenebroso e de seu corpo material; e "Deus" é a existência que constitui o lar para o qual tendem todas a forças tenebrosas da universalidade da Natureza. Essa operação de que fala Bœhme não é sucessiva, é instantânea e contínua; as qualidades e forças que se desprendem da Natureza tenebrosa tornam-se continuamente e a cada momento centelhas e raios. Porém, se assim se pode dizer, tudo isto se passa nos raios, fora tanto da Natureza espiritual tenebrosa quanto da natureza material e visível. Bœhme, a partir de suas iluminações, afirma que cada uma dessas centelhas, ao sair das Trevas eternas e elevar-se, por uma tendência fácil e natural, ao estado de Chama, já formava uma individualidade forte, um anjo ou arcanjo, individualidades distintas, divinas, cidadãos do Reino.

Ora, uma dessas individualidades, sendo parte integrante da Divindade e, conseqüentemente, possuindo uma vontade livre, ao chegar ao estado de Chama – ao apogeu de sua força, não quis elevar-se à doce Luz.[20] Tal individualidade teve, pela primeira vez, uma vontade contrária à universalidade da criação; quis elevar seu centro tenebroso e tornar-se ela mesma o centro da criação.

---

20. Mickiewics não é aqui totalmente fiel à descrição de Bœhme. Segundo ele, tal individualidade elevou-se, como todas as outras, à Luz. "Pois, quando Lúcifer foi criado, o foi na inteira perfeição; era o mais belo príncipe do céu, ornado e revestido da mais brilhante claridade do Filho de Deus." (Aurora Nascente, 13:90) Porém, orgulhou-se de sua beleza e não se contentou em ser o mais belo, quis também ser o mais poderoso, enfim, quis que tudo lhe fosse submetido. Então, retornou à Chama, pensando com isso apossar-se da sede do poder. (v. *A Aurora Nascente*, caps. 12:100, 14:5 e 9). É interessante observar que, etimologicamente, o nome *Lúcifer* significa "portador da luz" (Cf. Higino, *Sobre Astronomia* 2, 42, 4), mas que, tendo retornado à "chama", sua "luz" não ilumina, apenas queima. No entanto, segundo Bœhme, *Lúcifer* já não é seu nome original, pois foi adquirido após a queda, significando "exilado da luz" (*A Aurora Nascente*, cap. 12:100). Ainda segundo Bœhme, esta individualidade perdeu até mesmo esse nome, e chama-se agora *Teufel* (demônio): a palavra *Teu* originando-se de "duro tom" ou "ruído", e *fel* de "queda". (*A Aurora Nascente*, cap. 14:26)

O SISTEMA DE JACOB BŒHME / 41

É o que Bœhme chama de queda do arcanjo e início da criação material e visível.[21] Segundo ele, todas as centelhas e todos os raios que saíam das Trevas (que os antigos pagãos, como Hesíodo, chamavam de sementes da criação) entravam na harmonia geral e fundiam-se com a Luz eterna. Porém, uma individualidade espiritual, das mais poderosas, no estado de sua força, quis apenas exercer essa força, tornando-se a força por excelência, tornando-se o ardor, o braseiro, não se dignando a subir à Luz. Foi esse espírito – o primeiro que teve consciência da força, sem submetê-la às necessidades da Universalidade (como o Prometeu de Ésquilo) – que se tornou Satã, um inimigo da Universalidade. Para constituir-se como uma individualidade independente, lançou raios sombrios em todas as direções e inflamou todas as forças da Natureza tenebrosa. Para fazer com que se compreendam estas idéias, que não são obscuras mas elevadas, poder-se-ia comparar este Satã invisível e imaterial, revoltando-se contra a Universalidade, a um homem que quebrasse uma lei estabelecida e verdadeira, empregando suas forças inferiores, sua bílis e seu sangue, para sobre ela triunfar.

A partir desse momento, diz Bœhme, a harmonia da Natureza divina foi quebrada: as forças que saíram do centro desse espírito satânico transtornaram aquilo que ele denomina Natureza divina, isto é, a obscura universalidade das forças-semente da criação.[22] Satã chamou-as à existência antes do tempo fixado pela sabedoria eterna; com isso, chamou à ação espíritos imaturos, forças alteradas; acelerou e interrompeu a geração verdadeira e fez, por assim dizer,

---

21. Como Mickiewikz observará mais adiante, Deus começou a empreender a criação deste mundo material, delimitando seu circuito, ou circunferência exterior, para deter o avanço do mal.

22. Em alemão, "Quellgeister" (espíritos-fonte, fontes espirituais) – que Bœhme também designa como qualidades, potências, ou forças –; que são as sete forças principiais de Deus, através das quais Deus manifesta-Se, e que são a base de todas as manifestações em todos os mundos: no divino, nos espirituais e no material. Foi para tornar essa idéia mais clara ao leitor e evitar confusões que às vezes achamos adequado utilizar o termo forças-semente.

com que a Natureza divina abortasse.[23] Cada uma dessas forças, dessas inteligências chamadas à ação, enfim, desses anjos, para constituir-se como indivíduos separados da Divindade, concentrou--se fora da ação universal, fora do calor e da Luz divinos.[24] Desse modo, as essências, ou forças-semente, foram chamadas das Trevas incriadas de maneira abrupta, tornando-se forças alteradas, separadas da Unidade; entraram em movimentos de rotação individual e separaram-se umas das outras, tomando formas particulares e produzindo, assim, aquilo que chamamos de mundo visível. Este mundo é, segundo Bœhme, o resultado de uma ação anormal, de uma revolta; todavia, mantendo uma tendência contínua de retorno à Unidade.[25] Este mundo material é, por isso, uma existência passageira, que subsiste também pelos contínuos esforços do espírito

---

23. Para ser mais preciso, é conveniente explicar que, segundo Bœhme, embora Satã tenha interrompido e, conseqüentemente, alterado o curso da geração na Natureza divina, o processo abortivo ao qual se refere Mickiewikz será mais sensível na natureza material. Ao seduzir Adão, Satã modificou toda sua descendência (que, com isso, não mais veio a pertencer a uma classe angélica, à qual estava originalmente destinada, mas a uma classe intermediária entre a dos anjos e a dos animais) e também a progênie das criaturas deste mundo material (arrastadas, pela queda de Adão, a uma condição inferior à que tinham antes dela). Embora Satã tenha arrastado consigo toda a sua legião angélica, quando isto se deu, todos os seus anjos já estavam completamente formados; assim, seria mais exato dizer que o que ocorreu na Natureza divina não foi propriamente um aborto, mas uma devastação. (v. *A Aurora Nascente*, cap. 14:33-34.)

24. Segundo Bœhme, os anjos da legião angélica de Lúcifer não se rebelaram contra Deus por imposição de seu rei-angélico, mas porque partilhavam da mesma vontade. "Quando ele se elevou e quis ser Deus, todos os seus anjos, vendo isso, agiram como se quisessem subjugar, como ele, a divindade (...) havia entre todos eles uma só vontade e não deixaram que esta lhes fosse tirada." (*A Aurora Nascente*, cap. 14:33-34)

25. Embora Deus só tenha começado a empreender a criação deste mundo material-temporal devido à revolta de Satã e para deter o avanço do mal, depois, com a criação plena e desenvolvimento deste mundo, pretendia resgatar e recuperar toda a Luz e todo o Bem que ainda havia na região que o mal já tinha alcançado e alterado. Por isso, fixou para este mundo material um tempo delimitado, ao fim do qual se consumaria o resgate, com a separação entre a Luz e as Trevas, o Bem e o Mal. (v. *A Aurora Nascente*, caps. 21:2-6 e 24:17-18)

O SISTEMA DE JACOB BŒHME / 43

contrário à Universalidade, Satã. O que, no seio da Universalidade, era uma tendência para a concentração e, sob os raios da Unidade divina, tornava-se constância e produzia anjos-tronos,[26] depois das perturbações universais, produziu rochas e pedras. O movimento que, do centro da Natureza tenebrosa, impelia à ação e devia produzir anjos, produziu, na Natureza alterada, os venenos e as influências deletérias; as forças da Natureza, transgredindo o movimento do tom, do som, da harmonia, tornaram-se relâmpagos e trovões. Como conseqüência disso, nas emanações da Natureza divina e criadora, forças que anteriormente eram paradisíacas desvirtuaram--se em seres malfazejos, homicidas, enfim, no diabo, o filho de Satã. Deus, como Luz, de modo algum sofreu com isto. O espírito retrógrado que não quis ascender a Ele, e obstinou-se a dominar a Luz pelo Fogo e pelo calor – a dominar o amor pela força –, retornou ao abismo das Trevas, onde se encontram as forças-semente da criação, e ali continua a agir, sem afetar a Natureza luminosa de Deus: retornou à fornalha que produz a Chama e a Luz universal. Porém, diferentemente das forças primitivas – provenientes das Trevas e das pressões dolorosas, que se encaminhavam regularmente à Luz, e por isso não sofriam – o espírito retrógrado de Satã, caído no estado primitivo por sua própria vontade, sofre ao ver-se numa situação da qual poderia e deveria ter saído.

Pois, segundo o sistema de Bœhme, a natureza visível, palpável e material, só existe por um fato anormal de revolta de um dos espíritos. A região em que esta revolta se deu, da qual contaremos mais tarde as seqüências, compreende todo o Universo material, inclusive nosso sistema planetário, o qual, conseqüentemente, é regido por leis específicas, diversas das de outros sistemas da Universalidade.

---

26. Na hierarquia angélica vista e adotada por Bœhme, os anjos dividem-se em três classes principais: Os Arcanjos, ou Querubins, também denominados Reis-angélicos, Tronos, Tronos-angélicos, etc., originalmente em número de três, segundo a Santa Trindade; os Serafins ou Príncipes-angélicos, que, na origem, eram vinte-um, sete para cada Querubim, segundo as sete forças, qualidades ou propriedades de Deus; e a generalidade dos anjos, num número incomensurável mas determinado, segundo as possibilidades de combinação das forças ou qualidades divinas.

A GÊNESE

Já descemos ao momento em que têm início o espaço e o tempo, à luta cujo teatro será a matéria. Alcançamos os tempos da gênese, da qual Moisés falou-nos apenas parcial e veladamente. Ainda precisaremos retornar aos eventos constitutivos da Criação; ainda precisaremos explicar os movimentos que separaram definitivamente o mundo satânico – o mundo da revolta – da Universalidade divina. Nesse momento, que Bœhme chama de "a primeira e maior das tempestades" que devastaram a Criação, Satã chamou à existência forças alteradas, e o Espírito central de Deus reagiu contra ele.

Pelo Fogo, pelo ardor, Satã suscitava e fazia surgir, do fundo da Natureza divina, forças que ele inspirava satanicamente. Sua influência se expandia, ameaçando tornar-se universal. Então Deus fez sair de Seu centro um relâmpago de força, um relâmpago de cólera mais poderoso que o de Satã: Deus Pai, na sua qualidade de Pai de tudo, e conseqüentemente de Pai da cólera, lançou Seu relâmpago de cólera nas profundezas da Natureza e para além do círculo em que o Satã poderia agir, acendeu um braseiro mais forte que o aceso por Satã. A cólera de Deus chamou à ação forças que ainda não tinham sido atingidas pela influência de Satã. Entre as individualidades divinas, que nesse momento da luta reagiram contra os esforços de Satã, estavam Miguel, o Arcanjo, e o Serafim Gabriel.

Pela influência dessas forças, um novo mundo surgiu: fora da influência satânica, forças começaram a manifestar-se, a sentir-se, a elevar-se; porém, já privadas da possibilidade de constituir-se como indivíduos dotados do grau pleno de força de um indivíduo divino. Essa nova criação é chamada por Bœhme de Grande Mundo, e o seu centro é o Espírito do Grande Mundo *(Spiritus Majoris Mundi)*, pois então Deus constituiu um novo centro: o centro da natureza visível, o centro do mundo atual. Deus Pai chamou as forças da nova criação a uma existência regular, dotada de seu próprio centro governamental.

Antes da grande revolta e da grande tempestade, Deus só criava individualidades espirituais, as quais tinham dois centros:

um na Força criadora do Pai e outro na Luz do Filho. Havia, pois, dois centros: o da cólera, pelo qual a Natureza divina – a Imensidão, o Caos, o Incompreensível, o Inapreensível – chegava à existência; e o da Luz, pelo qual todo esse caos, todo o resultado do choque das forças caóticas, chegava a uma existência superior, à própria Luz. Este segundo centro, luminoso, amoroso, onipotente, chamava-se propriamente Deus.

Agora, depois da tempestade da revolta, Deus Pai fez eclodir um terceiro centro, no qual as duas naturezas divinas pudessem agir: a da Cólera e a da Luz. O centro dessa terceira existência – reflexo das duas existências superiores – é o que chamamos Sol. Deus, tendo evocado forças novas, fora da influência de Satã, muito inferiores àquelas que haviam surgido no tempo das criações divinas, deu-lhes um centro de influência e ação, criou-lhes o Sol.

A partir do momento em que essas novas forças começaram a agir, houve o que o livro do Gênesis chama de separação da Luz e das Trevas.[27] Na harmonia do Ser universal, as Trevas manifestavam a Luz, formavam o fundo da Luz, assim como o frio constituía o fundo do calor, e o azedume a base do elemento doce; mas após o abuso do espírito do mal, foi preciso, para tirar-lhe a

---

27. "No princípio Deus criou o céu e a terra. A terra, porém, estava informe e vazia, e as trevas cobriam o Abismo, e o espírito de Deus pairava por sobre as águas. Disse Deus: 'Faça-se a luz'. E fez-se a luz. E viu Deus que a luz era boa; e Deus separou a luz das trevas. Deus chamou a luz `dia' e as trevas 'noite'. Houve tarde e houve manhã: um primeiro dia." (cf. Gênesis 1:1-5.). Como se depreende disso, o livro de Gênesis não trata, ao menos explicitamente, da primeira Criação – a criação do mundo angélico –, nem da queda de Satã (e um dos poucos lugares na Bíblia em que se fala de sua queda, é Isaías 14:12-20, Judas 1:6 e Apocalipse 12:7-9), mas começa depois de ambas, com a criação do mundo material. Bœhme diz que, no primeiro dia relatado pelo Gênesis, Deus, ao deter a revolta do adversário, que estava destruindo toda a substancialidade celeste e diáfana de sua região, criou, assim, a terra (uma primeira compactação dos detritos dessa substância alterada), só que ela ainda estava informe – isto é, estendia-se por toda a imensa região alcançada pela revolta – e vazia; em seguida reuniu num só lugar toda essa matéria que estava espalhada, criando assim o planeta Terra e, com isso, o espaço tornou-se nítido e a luz e o céu ocultos separaram-se das trevas. (v. *A Aurora Nascente* cap. 21:2-6)

força criadora – e conseqüentemente universal –, separar esses dois centros. Assim, todas as forças espirituais, que chegaram à existência após a revolta de Satã, já se encontravam separadas em dois, incapazes de produzir criações unitárias. Por exemplo, o espírito de fogo encontrou sua ação desordenada imediatamente detida pelo espírito de água, sua metade correspondente; o espírito de movimento, de azedume, ou, como diz Bœhme, o espírito amargo ou de mercúrio, encontrou resistência no espírito de peso, etc. Enfim, os espíritos[28] que se manifestaram após a grande revolta, não tinham mais a integridade, a unidade, e conseqüentemente o poder semelhante àquele do Deus da Unidade.

Essa evocação de novas forças ou potências, que tinham um centro próprio, deteve a propagação do espírito satânico. Essa imensa existência, que chamamos de natureza material, no seio da qual vivemos, foi gerada, antes da criação do homem, para deter o progresso do mal. As forças que, na Natureza divina, produziam o movimento e a resistência,[29] passaram a produzir, respectivamente, o relâmpago e a pedra da criação inferior, material, e, portanto, *inacessível* ao espírito satânico.[30] Para explicar em termos vulgares

---

28. As forças principais de Deus, as forças-semente, a base de todas as manifestações materiais, espirituais e divinas. Estas forças, em número de sete, aparecem no livro do Apocalipse como os sete espíritos de Deus, as sete estrelas, os sete candelabros, os sete selos, caps. 1:4, 2:1, 3:1, 5:1-6 e 6:1-15. Segundo Bœhme, são princípios apresentados sob várias designações, na seguinte ordem básica: 1 - a contração, a atração, a adstringência ou a salinidade / 2 - a expansão, a repulsão ou o amargor / 3 - a rotação ou a angústia / 4 - o calor, o relâmpago ou o fogo / 5 - a luz ou o amor / 6 - o som ou o tom / 7 - a corporalidade ou a substancialidade.

Trata-se dos mesmos princípios representados na Cabala judaica pelas sete sefirot inferiores. Tais princípios, que já mantêm correspodências planetárias (que serão apresentadas adiante por Mickiewikz), manifestam-se em todos os planos, inclusive no mundo sensível; por exemplo: a luz e sua refração em seis raios coloridos, e o ponto (*atopos*) e suas seis direções no espaço.

29. Isto é, a força expansiva e a contrativa, centrífuga e centrípeta, as duas primeiras forças principais enunciadas na nota anterior.

30. O mundo material afirma-se, portanto, como contraposição à ameaça de caos e à *imundície* produzida pela revolta que o antecedeu.

tais concepções, tomemos como exemplo a revolta de um grande chefe (e Bœhme sempre chama Satã de o grande Príncipe) contra o poder central, o qual, para deter a rebelião, conclama o povo, e institui um outro chefe – um novo centro de ação – que não está submetido aos líderes revoltosos, mas à força central.

As novas forças chamadas à existência encontraram seu centro material no Sol. Nessa criação inferior e material, as forças divinas manifestaram-se: como unidade, no Sol; como concentração, em Saturno; como força de expansão, em Marte; como doçura, em Júpiter; como amor e humildade, em Vênus; como corporeidade, na Lua; como força de movimento, em Mercúrio.[31] Afastadas da Unidade por causa da revolta do espírito que deveria ter-lhes servido de vínculo com essa Unidade, estas forças tendiam necessariamente a unir-se tanto à força de concentração quanto à força de expansão, pois já se encontravam divididas. Na região material, a força expansiva manifestou-se como fogo, a contrativa como peso, o movimento como relâmpago e ácido, a doçura como água, etc. Dessa separação, surge o desejo de unir-se novamente para formar uma unidade. Esta separação é o princípio dos sexos: sua atração mútua não sendo outra coisa que o desejo de reentrar na unidade.

Após a clara e ostensiva separação material de céu e terra, Luz e Trevas, tiveram início as manifestações do mundo exterior e material. Mais tarde, seguiram-se as manifestações da vida

---

31. Para uma magnífica descrição da criação do Sol e dos planetas, ver *A Aurora Nascente* cap. 25:29-37, 68-78, e 26:1-20. É interessante notar que o sistema heliocêntrico, que só começou a ser realmente divulgado por volta de 1600 por Kepler e Galileu, já era preconizado por Bœhme. Enquanto Galileu, em 1633, era obrigado pela Igreja a abjurar suas doutrinas, sob pena de ser queimado na fogueira, nosso iletrado autor, em 1612, por conhecimento direto, revelado por Deus, afirmava: "O Sol tem seu próprio lugar real. Ele não se afasta do lugar em que esteve desde o início. Muitos pensaram que em um dia e uma noite ele completava uma volta ao redor da terra, (...) houve até os que procuraram medir a extensão da órbita do Sol. Essas opiniões são falsas. Pois a terra faz a volta e gira ao redor do Sol com os outros planetas, como numa roda. A terra não permanece no mesmo lugar, mas em um ano completa uma volta ao redor do Sol". (*A Aurora Nascente*, cap. 25:60-61).

individualizada, como plantas, peixes e animais, todas criações dependentes do Terceiro Princípio, no qual se refletiam tanto a cólera de Deus Pai como a Luz.[32] Essas criações, que envolviam Satã por todos os lados, formavam, por assim dizer, as muralhas de sua prisão.

Então Deus animou a imagem do homem (Gênesis 1:26-27.). Essa imagem existiu desde a eternidade diante de Deus como idéia; pois todas as criações sucessivas até o fim dos tempos existem diante de Deus como *idéias*. (Aqui Bœhme está perfeitamente de acordo com Platão, isto é, com Sócrates.) Contudo, essas imagens que estão diante de Deus não têm uma existência real.[33] Poderíamos compará-las à reflexão de nossa figura num espelho: vemos ali todos os nossos traços perfeitamente representados que, contudo, não têm uma existência verdadeira. Deus – a Universalidade de todas as existências, de todas as formas –, desde o início, viu, vê e sempre verá os reflexos de todas as existências possíveis; mas esses reflexos, essas imagens só entram na vida por um movimento d'Aquele que Se faz refletir nelas, pela força central de Deus.

Chegou, pois, o tempo para que a idéia do homem, concebida desde toda a eternidade, entrasse na existência real. Uma tal existência, iniciando a vida, concentrou em si todas as forças divinas, e tornou-se o filho de Deus; tornou-se, por assim dizer, um deus para as criações inferiores. Assim, um movimento da força central divina criou o Homem, o depositário de todas as forças divinas. Ele é o representante de Deus; tornou-se deus, mestre soberano da criação, mais poderoso do que Satã o foi; pois extraía

---

32. Para Bœhme, a manifestação divina divide-se, basicamente, em três Princípios, em três Mundos, que em si mesmos e em suas funções, são bons (cf. *A Tripla Vida do Homem*, 4:15). O primeiro é o Princípio ou Mundo das Trevas e da Cólera; o segundo, o da Luz e do Amor; o terceiro, o material, criado após a queda de Lúcifer, no qual a Luz e as Trevas, o Amor e a Cólera combatem-se. Os dois primeiros são eternos, o terceiro tem um tempo delimitado. É interessante, aqui, a semelhança entre esses três Princípios e os três deuses primordiais da Teogonia de Hesíodo: Caos (Trevas e Cólera), Eros (Luz e Amor) e Gea (Terra, o princípio material).

33. Isto é, têm uma existência meramente ideal, não manifesta.

sua força do Espírito do Pai, possuía a Luz de Deus, conhecida como Filho, e era mestre soberano da terceira e nova criação, a criação material. Seu corpo era formado daquilo que Bœhme chama de elemento único, o elemento primordial, o elemento puro. Este elemento ainda não estava corrompido pela influência de Satã; o corpo do homem primordial, formado deste elemento, não era de modo algum material. O primeiro homem, segundo Bœhme, era, quanto ao sentimento e à inteligência, perfeitamente angélico, e, pelo poder que exercia sobre o mundo inferior, mais forte que os anjos.

O HOMEM PRIMORDIAL

O homem primordial, segundo Bœhme, espiritual e dotado de um corpo imaterial e invisível, tinha órgãos próprios apenas para a vida espiritual. Tirava suas forças da Natureza primordial, da fonte do poder, e desse modo comunicava-se com o centro da cólera de Deus. Assim, o homem era mais poderoso que Satã. Quanto à sua vida divina, ele a extraía da fonte da luz e da graça de Deus. Tinha órgãos que se comunicavam apenas com a vida superior; não necessitava de nada daquilo que corresponde às necessidades materiais e físicas.

Esse novo ser, esse filho de Deus, Seu Ministro na criação, possuía o poder de perpetuar-se, de reproduzir-se instantaneamente, a partir de seu próprio centro. Esse ser era o Andrógino das antigas tradições conservadas por Platão.[34] Porém, a força criadora do homem dependia da sua constante união com o centro da Unidade, com Deus. Era preciso que o homem se mantivesse no centro da Unidade, para não cair no mal.

Aqui temos de abordar uma questão muito difícil, cuja explicação definitiva parece-nos, no momento, absolutamente impossível. Devemos, no entanto, falar disso, porque todos os

---

34. Cf. *Banquete*.

homens que meditaram sobre as coisas divinas meditaram sobre isso, tentando resolvê-la. Trata-se da questão da causa do mal. Como os espíritos, tendo saído de um mesmo seio, do mesmo Deus, puderam dividir-se em suas tendências e seus movimentos? De onde extraíram a força para separar-se de Deus? Provenientes de uma mesma e única fonte, de onde podiam tirar um elemento de movimento que os repelisse para fora dessa fonte? Como Deus podia permitir um desvio dos seres criados por Ele, lançados por Ele na existência e conduzidos por Ele a uma meta ou à meta que Ele tinha necessariamente de conhecer? Questão capital da fatalidade e da liberdade, da providência e do livre arbítrio. Vejamos como Bœhme explica esta questão.

Temos, aqui, de transportar-nos para as horas primordiais da Criação, ou melhor, para a condição divina anterior à Criação. Deus, então, como Unidade, refletia-se na infinidade das idéias, dos germes da criação. Cada raio saído de Seu centro, cada emanação, chamava essas idéias para a vida. Ora, cada uma dessas idéias, passando pelos abismos do caos primitivo, e, ao mesmo tempo, animadas pelo raio da Unidade, tinham necessariamente duas tendências: a primeira, de seguir o raio que as chamava à vida, unir-se a esse raio e assim elevar-se, tendendo continuamente para o segundo centro da criação, para a reunião com Deus; a segunda, de retornar ao caos de onde acabaram de sair, a seu estado imediatamente anterior, às forças incomensuráveis de que fizeram parte e à causa de sua elevação ao centro. Um espírito saído assim das trevas, sentindo-se forte e tornado luminoso, faz contínuos apelos à força, e crê que a luz lhe é devida. Há, pois, em cada espírito chamado à existência real, necessariamente duas tendências: uma o conduz ao passado de onde saiu, outra ao futuro. É nesse limite que tem início a vontade autônoma, o arbítrio. Nas palavras de Bœhme, é nesse momento que se dá o novo nascimento, o momento em que um espírito chega à consciência de si mesmo. Quando olha o passado, sente-se onipotente, pois, no momento em que sai do caos, é certamente o espírito mais maduro e mais poderoso desse caos, é mestre e soberano do caos; a Natureza tenebrosa aceita-o e considera-o seu senhor.

Porém, ao chegar ao limiar da Luz, sente-se anulado, despojado de todas as forças de que dispunha desde baixo. É preciso, então, que reconheça que o menor dos espíritos da Luz, que ele encontra no limiar de uma nova vida, e que lhe parece nulo como força, lhe é infinitamente superior. – Uma pedra lançada ao ar cai de novo em direção ao centro da terra, com orgulho e toda a segurança dos direitos adquiridos; mas tudo o que se eleva sobre a superfície da terra (uma planta, um pássaro) trabalha longo tempo, fazendo incertos esforços, para elevar-se a uma esfera superior.

A individualidade humana, até então desconhecida na criação, uma vez estabelecida como existência – participando da natureza dos espíritos, e mestra desse novo Princípio recém-surgido do caos (o mundo material, a natureza exterior); ligando-se, pela sua força, à cólera de Deus (os infernos); elevando-se à Luz (o Amor de Deus) e soberana do Sol e dos planetas –, tornou-se objeto de tentações, das investidas de Satã e de existências (forças) inferiores da natureza visível e criada. Essas existências inferiores, este mundo elemental e os espíritos elementais que presidem este mundo, que após a queda de Satã não tinham ligações diretas com a Unidade e só podiam comunicar-se com ela através do homem, buscaram aproximar-se dele, unir-se a ele, para, através dele, entrar em Deus; pois, como diz Bœhme, em qualquer lugar que o Espírito de Deus faça Sua morada, todos os seres ali se agrupam, buscando uma parcela desse Espírito. (Também o místico Angelus Silesius diz que todos os espíritos precipitam-se para o lugar em que o Espírito de Deus tenha repousado, para ali se aquecerem). Houve, pois, ao redor do primeiro homem, uma tendência universal dos espíritos elementais a unirem-se a ele. Esses espíritos prestavam-lhe atos de submissão completa, consideravam-no seu príncipe, seu deus. "Que necessidade tens", diziam ao Homem, por meio de inspirações instintivas, "de fazer esforços para lançar-te à Unidade que não se manifesta em parte alguma, em atos ou criações? Nós somos atualidades, formas, coisas, que só querem obedecer-te, servir-te; tu nos vês, nos tocas, podes nos dirigir com um olhar, com um gesto. Viste alguma vez ser superior a ti?, ou um deus que, com um olhar, um gesto, comandasse os elementos?

Acredite-nos, tu és o verdadeiro mestre da criação! Une-te a nós, tornemo-nos a mesma carne, a mesma natureza, associemo-nos." Para efetivar essa associação, era preciso que o homem não somente se unisse a esses espíritos inferiores, a essa hierarquia do Terceiro Princípio. Uma pessoa une-se a um espírito abrindo sua alma às suas inspirações; porém, para unir-se aos espíritos inferiores, era preciso abrir-lhes também sua constituição, suas entranhas; era preciso mordê-los, era preciso comê-los. O homem primordial não tinha uma constituição capaz de realizar esse ato; no entanto, ele concebeu um desejo muito vivo de fazê-lo. Para explicar de uma maneira vulgar esse desejo, poderíamos imaginar um jovem que quisesse reunir a seu redor uma sociedade de homens vis e criminosos, mas não tivesse meios de fazê-lo.

Foi por esse desejo contrário à Vontade Divina, que o homem primordial perdeu sua contínua comunicação com Deus; foi então que ele caiu no sono, isto é, sob a influência das forças inferiores. "Então Deus fez cair sobre o homem um sono profundo, e este adormeceu" (Gênesis 2:21). Desse sono, ele despertou já como um indivíduo parcialmente pertencente à natureza visível, aos espíritos inferiores; associado a estes, mas ainda não seu escravo. Desse sono ele despertou envolvido num corpo terrestre,[35] parcialmente submetido à natureza física (o Terceiro Princípio). Enfim, de mestre soberano dos espíritos da natureza física, o Homem tornou-se seu agente.

---

35. Observamos aqui que Mickiewicz incorre numa pequena imprecisão, pois, após o sono e a criação da mulher, embora o Homem já não tivesse um corpo tão glorioso como o do Adão andrógino, o corpo terrestre só foi adquirido mais adiante, quando da ingestão do fruto proibido. (v. nota 36)

O ESTADO DA CRIAÇÃO APÓS A QUEDA DO HOMEM E A NECESSIDADE DE UMA NOVA FORÇA REPARADORA

Tendo-se tornado agente de toda uma hierarquia de espíritos inferiores, o homem primordial, caso fosse abandonado à sua própria ação, teria necessariamente produzido monstruosidades, visto que possuía a força criadora e colocara-se a serviço de forças alteradas. Deus impediu o homem de trilhar esse caminho: Ele dividiu sua força central, separando-o em dois. Seus instintos inferiores e seu próprio ideal manifestaram-se corporalmente na idéia da mulher: o desejo do homem suscitou um novo ser, separado do homem, que surgiu como mulher. Após o sono, após sua íntima união com o Terceiro Princípio (o mundo visível), Adão acordou e encontrou-se desdobrado. Na nova individualidade, na mulher, ele reconheceu uma metade de si mesmo; só podia continuar uma existência real e criadora com o auxílio dessa metade.

Assim, a mulher teve sua matéria, sua corporeidade, extraída não do elemento puro, mas de um elemento já influenciado pelo Terceiro Princípio. Esse elemento encontrava-se sob o domínio do Sol e do sistema planetário. Todavia, a mulher, assim formada, deteve o movimento espontâneo da vontade do homem, fazendo-o sentir novamente a necessidade de reconduzir-se à unidade, e de dominar, de uma maneira legítima, o mundo elemental, que tinha na mulher sua mais alta expressão. Com isso, o homem não podia criar seres satânicos, e voltou a ter de criar indivíduos dotados de uma natureza intermediária entre o mundo espiritual e o material. Desse modo, o centro do mundo material deteve o mal que poderia haver na força criadora mas corrompida do homem.

Nesta nova condição, como a Humanidade – o ideal do Homem – poderia refazer-se, reconstituir-se? Caso o Homem se tivesse mantido no estado em que se encontrava após a criação da mulher, teria permanecido numa classe intermediária aos anjos e aos animais; classe pura e legítima segundo a Natureza, embora já não correspondesse à idéia original do Homem, tal qual existiu no Espírito de Deus.[36] Se essa classe conservasse a lei dada por Deus, buscasse as fontes de sua vida em Deus e derramasse essa vida sobre as criaturas inferiores, teria podido ascender de novo, laboriosamente, ao centro de que tinha caído. Porém, para isso, era preciso que o homem não desse ouvidos às insinuações, aos conselhos do mundo inferior; que não comesse o fruto da terra, o fruto da árvore do conhecimento do bem e do mal. Nesse conhecimento residia a onipotência divina. Não que Deus tenha sido ciumento; Ele viu que o homem caído certamente abusaria dele, pois esse conhecimento, quando não é elevado ao centro da Luz, só pode produzir criações inferiores: criações más, satânicas. As individualidades espirituais que caíram antes de Adão possuíam o mistério da ciência do bem e do mal,[37] e imaginaram que esse mistério era suficiente para criarem e, conseqüentemente, para se colocarem no lugar de Deus. Quando viram, a partir do brilho de uma criação visível e plena de atualidade, sua insuficiência científica, dirigiram-se ao homem, em quem viam a força criadora de que foram privados.[38] Após sua queda, tendo-se dividido o homem primordial, o espírito do mal dirigiu-se à metade do homem que era mais próxima da natureza inferior, e que era a manifestação dos instintos sensitivos do homem; dirigiu-se

---

36. Pois, apesar disso, dessa primeira queda do Homem, o homem e a mulher recém-criada, ainda tinham corpos angélicos, incorruptíveis. Ainda não tinham órgãos reprodutores, nem intestinos, que só adquiriram quando caíram ainda mais, quando comeram o fruto da Árvore do conhecimento do Bem e do Mal e adquiriram um corpo material, corruptível.(v. *Os Três Princípios da Essência Divina*, caps. 10:6 e 13:35-36).

37. Pois tinham em si, em sua constituição, o regime ou Princípio das Trevas e o da Luz – só que, no início, o primeiro era totalmente transformado pelo segundo, pela Árvore da Vida – e, assim, o arbítrio, a vontade livre.

38. Pois quando se exaltaram, inflamaram de tal maneira seu Princípio masculino e fogoso, que destruíram seu Princípio feminino, substancial, corporal e plástico; com isso, perderam a capacidade de empreender criações verdadeiras, pois estas só são possíveis pela interrelação desses dois Princípios, que, embora já divididos, ainda estavam presentes no Homem.

à mulher. No conselho da mulher, o homem ouviu a voz da natureza já individualizada, agora expressa em palavras; ouviu-a falar-lhe novamente de sua onipotência: "Se reunires esta tua força, que extrais do mesmo centro de que provém a força divina, aos instintos da natureza universal, da qual eu, mulher, sou depositária, reencontraremos a unidade completa e constituiremos para nós dois um Deus completo. Mas, para isso, precisamos unir-nos à universalidade do mundo material e, conseqüentemente, promover um ato de íntima comunhão com a natureza inferior". Não se tratava mais de ter apenas o desejo de comer o fruto da terra – desejo que o homem já tinha concebido antes de seu sono –, mas de apanhar esse fruto, de fazê-lo passar pela sua constituição, de assimilá-lo, de tornar-se um com a terra: é assim que Bœhme explica o ato pelo qual o homem comungou com a árvore da ciência do bem e do mal.

Após a íntima união do homem com o mundo visível e influenciado pelo mal, sua condição tornou-se pior que a dos animais. Pois, embora o princípio vital dos animais seja formado e iluminado apenas pelo Terceiro Princípio, o mundo material – cuja existência tem como meta manifestar produções ao mesmo tempo luminosas e tenebrosas – todo ele tem uma tendência a unir-se a Deus: "Toda criatura", diz São Paulo, "sofre e aspira ser libertada da vaidade" [Rom. 8:22,23]; por isso, todas as criaturas do mundo visível convergem para o homem, esperando nele encontrar seu complemento, seu Deus. No entanto, após o homem ter interrompido suas comunicações diretas com o mundo celeste, a centelha divina que ele traz à terra não mais tem o poder de reanimá-los pelos raios vindos desde o alto; além disso, essa centelha, sendo envolvida por uma massa de espíritos inferiores que a atraem para nela se aquecerem, só pode enfraquecer e diminuir.

Assim, o mundo exterior – o Sol e os planetas – inclina-se diante de cada homem que vem ao mundo e põe-se a seu serviço, sempre à espera de nele encontrar seu Deus, como a humanidade espera seu Messias; fornece a cada criança todos os dons de que dispõe – as forças nervosas, musculares, conhecimentos, ciência – e, enquanto neste homem brilha a centelha vinda do alto, serve-o como a seu soberano. Porém, enfraquecida essa centelha, o espírito do mundo exterior abandona seu favorito e busca noutro seu apoio: retira do homem que havia favorecido suas forças sanguíneas e biliosas (sua força bruta), em seguida, o uso de seus sentidos e conhecimentos (sua força astral), e o homem favorecido cai no abatimento e na miséria: morre![39]

Diferentemente dos animais, que, ao morrer, não subsistem senão como formas, sombras sem substância, a centelha divina presente no homem, sua alma, permanece no mundo sobrenatural; pois, após sua queda, embora pertença predominantemente ao Terceiro Princípio – seu corpo, sua existência material, que são passageiros –, ainda tem em si o Primeiro Princípio – a centelha divina, sua alma, que é eterna. Se, durante a vida, sua centelha não tornou a estabelecer comunicação com a Luz, quando, na morte, esse Terceiro Princípio lhe é retirado, estará nua ante as trevas e incapaz de combater as forças tenebrosas; e entrará novamente no caos, conservando, todavia, a lembrança de seu estado paradisíaco.

Assim, após sua queda, o espírito do homem tornou-se o joguete dos espíritos do mal; sentiu-se uma alma penada e sofredora: pois todo ser sofre apenas quando se encontra abaixo da sua lei constitutiva. Os componentes caóticos e tenebrosos da Criação não sofrem senão quando atingem o limite da Luz e, em condição de apropriar-se livremente de parcelas da Luz, rejeitam essa Luz, essa graça. Satã só começou a sofrer no momento de sua revolta. O homem começou a sofrer a partir de sua queda – só poderia sair desse sofrimento vencendo Satã e reentrando na sua lei constitutiva. Após sua queda, as forças de que necessitava para esse combate só podiam ser retiradas da

---

39. O espírito do mundo assemelha-se a uma platéia que favorece toda individualidade nova (sem precedente), na qual espera encontrar seu verdadeiro soberano, seu libertador, seu Deus. Porém, uma vez que a força de uma tal individualidade tenha-se esgotado, o público se retira e a abandona.(N.d.A.)

natureza exterior – o Terceiro Princípio –; tinha de agrupar ao seu redor todos os elementos dessa natureza, preservá-la das investidas do mal, formar com ela uma fortaleza, um novo corpo. Porém, submetendo-se aos espíritos inferiores, não tinha mais o poder de dominá-la, de dirigi-la. Assim, após sua saída do mundo exterior, sua morte, tinha necessariamente de tornar-se escravo do mal, de Satã.

Essa situação do homem caído provocou uma nova manifestação da misericórdia divina: saído do centro da Luz, um raio que nunca comunicou com o mundo material atravessou as tenebrosas camadas em que o Homem estava encerrado e penetrou em sua alma; levou-lhe um novo calor, os germes de uma nova força, a esperança do perdão, de um retorno a Deus.[40] Esse raio não cessou de iluminar as almas dos primeiros eleitos da humanidade; de longe, preparava nas almas, uma atmosfera pura; fazia reviver ali aquilo que Bœhme chama de elemento único, o éter paradisíaco, o Paraíso. Esse elemento, tendo adquirido a consistência desejada por Deus, criou uma nova mulher, uma mulher paradisíaca, a única mulher verdadeira, destinada a tornar-se mãe do ser de Luz, do Verbo divino: Maria. Sua criação excepcional colocava-a corporalmente acima das investidas do mal; contudo, como espírito, teve de fazer esforços para manter--se a altura de seu destino, pois poderia cair. Continuou fiel à sua lei e tornou-se assim um ser extraordinário, o repositório do Verbo de Deus. Após o tempo estabelecido por Deus, o povo de Israel, – conduzido excepcionalmente pelo espírito da terra sob as ordens de Deus Pai – tendo, por meio de sacrifícios, atingido o mais alto grau de espiritualidade sobre a terra, ofereceu um meio onde a mulher de Deus poderia nascer.

---

40. Isto se deu quando, ainda no jardim do Éden, Deus disse à serpente que o descendente da mulher esmagaria sua cabeça (Cf. Gênesis 3:15). Com isso Sua Palavra tornou a avivar e iluminar a alma do homem, que sem isso teria permanecido em trevas eternas, sem nenhuma esperança de resgate.

O tempo tendo-se cumprido, o raio divino, esse Emanuel (Deus em nós) que iluminava e aquecia a humanidade inteira, veio corporizar-se, unir-se ao elemento primitivo do mundo visível, veio enfim encarnar-se. A maneira mais forte de agir sobre os homens era tornar-se seu semelhante, tornar-se filho do homem.

Não podia haver outro meio de agir sobre o homem, conservando seu livre arbítrio; pois somente ao que se lhe assemelha um ser pode unir-se voluntariamente. Deus tinha pois que tornar-Se semelhante ao homem.

Jesus Cristo saiu da Luz divina que existe para além de todas as criações. Os anjos, assim como os homens, saíram da Natureza tenebrosa e, com seus esforços, chegam, ou podem chegar, ao centro da Luz; somente Jesus Cristo saiu do próprio centro da Luz. Ele desceu voluntariamente aos abismos em que a alma humana reside; apropriou-se dos elementos em meio aos quais ela lutava; formou para si, ao meio do Terceiro Princípio, um corpo que havia de, em se espiritualizando, assemelhar-se àquele que, segundo o pensamento primordial de Deus, o homem deveria possuir.

Jesus Cristo, embora revestindo-se completamente da humanidade, afirmou-se não como servo, mas como dominador do mundo exterior.[41] Conservou durante toda sua vida o espírito e o sentimento angélicos, e fê-los agir, mediante um corpo onipotente, sobre a natureza exterior; espiritualizou esse corpo a ponto de poder descer aos abismos satânicos sem se deixar encerrar, comprovando assim a onipotência do homem sobre toda a Criação.

Jesus Cristo realizou sobre a terra o ideal do Homem como fora concebido nos céus, e que foi traído por Adão; chegou inclusive a elevá-lo a uma nova potência, deixando aos filhos de Adão os meios de sair do abismo em que haviam caído, porém, com a possibilidade de subirem mais alto do que Adão esteve no paraíso, de ascenderem até o céu.

---

41. Domínio que exerceu não através do poder do homem exterior nem da prerrogativa que lhe dava sua condição divina, e sim da mais profunda união do Homem interior com a Vontade do Pai, aniquilando a si mesmo, fazendo-se servo e o menor de todos os homens (Cf. Filip. 2:6-11).

O SISTEMA DE JACOB BŒHME / 59

Não é apenas pelo ensinamento, pela lei dada ao homem e pela história de seus feitos que Jesus Cristo ajuda a humanidade. É também pelas emanações de uma força viva que ele comunicou à Natureza, ao descer a seu centro, por sinais que apareceram não em sonhos e visões, mas nos gestos do Homem-Deus e pelo sopro saído não mais da Natureza invisível mas do peito humano do Homem-Deus que Jesus Cristo comunicou-se e comunica-se a seus discípulos. Apresentou-lhes o modelo de vida, e comunicou--lhes, ao mesmo tempo, a força de imitá-lo.

JACOB BŒHME

O Caminho
da Iluminação

TRÊS TRATADOS

Sobre a Vida Suprasensível

Sobre o Céu e o Inferno

O Caminho que vai das Trevas
à Verdadeira Iluminação

Pregamos a Sabedoria misteriosa e secreta de Deus, que Ele predeterminou antes de existir o tempo, para a nossa glória. Sabedoria que nenhuma autoridade deste mundo conheceu (pois se houvesse conhecido, não teria crucificado o Senhor da Glória). É como está escrito: *Coisas que os olhos não viram, nem os ouvidos escutaram, nem o coração humano imaginou* (Is. 64:4); tais são os bens que Deus tem preparado àqueles que O amam. Todavia, Ele revelou-os a nós por Seu Espírito, porque o Espírito tudo penetra, mesmo as profundezas de Deus. Pois quem conhece as coisas que há no homem senão o espírito do homem que se encontra em seu interior? Assim também as coisas de Deus: ninguém as conhece, senão o Espírito de Deus. Ora, nós não recebemos o espírito do mundo, mas sim o Espírito que vem de Deus, que nos dá a conhecer as graças que Ele nos prodigalizou, e que dizemos numa linguagem que nos foi ensinada pelo Espírito, não com as palavras da sabedoria humana. O Espírito exprime as coisas espirituais em termos espirituais. Mas o homem natural não recebe as coisas do Espírito de Deus, pois para ele são como insanidade; nem as pode conhecer, pois devem ser discernidas espiritualmente. O homem espiritual, ao contrário, julga todas as coisas pelo Espírito.

(1 Coríntios 2:7 ao 15)

Sobre a Vida Suprasensível

(1622)

DIÁLOGOS ENTRE UM DISCÍPULO E SEU MESTRE

I

COMO A ALMA PODE ALCANÇAR A AUDIÇÃO E A CONTEMPLAÇÃO DIVINAS, E QUAL É SUA INFÂNCIA NA VIDA NATURAL E SOBRENATURAL; COMO A ALMA SAI DA NATUREZA PARA ENTRAR EM DEUS, E SAI DE DEUS PARA ENTRAR NA NATUREZA E NO EU; E TAMBÉM COMO E O QUE SÃO SUA SALVAÇÃO E SUA PERDIÇÃO.

1. O discípulo disse a seu mestre: "Senhor, como posso alcançar a vida suprasensível, de modo que possa ouvir e ver Deus?"

O mestre respondeu: "Filho meu, quando puderes lançar-te, ainda que por um instante, ao lugar jamais habitado por criatura alguma, então escutarás o que Deus fala".

2. DISCÍPULO: "Esse lugar está próximo ou distante?"
MESTRE: "Está em ti. E, se por um momento, pudesses cessar de todo teu pensamento e vontade, escutarias as impronunciáveis palavras de Deus".

3. DISCÍPULO: "Como posso ouvi-Lo apenas detendo meus pensamentos e minha vontade?"
MESTRE: "Quando detiveres o pensamento e a vontade da tua egoidade,[1] quando tanto teu intelecto quanto tua vontade estiverem calmos e passivos ante as impressões da Palavra e do Espírito

---

1. Egoidade, do alemão *"ichreit"*; diferente de *"eigenutz"*, egoísmo. Segundo Saint-Martin, tradutor de Bœhme para o francês, egoidade é mais que egoísmo, designando a base substancial deste.

eternos, quando tua alma voar acima da temporalidade e dos sentidos exteriores, e tua imaginação for capturada pela abstração santa, então a audição, a visão e o falar eternos serão revelados dentro de ti: Deus, Ele mesmo, ouvirá e verá através de ti, pois nesse momento és um órgão de Seu Espírito, e Deus fala de ti e sussurra a teu espírito, e teu espírito escuta Sua voz. Bendito sejas se podes deter teus pensamentos e tua vontade, e a roda de tua imaginação e de teus sentidos, pois assim poderás finalmente ver a grande salvação de Deus, tornando-te capaz de todo tipo de sensações divinas e comunicações celestes. Pois somente tua própria audição e tua própria vontade são os obstáculos que te impedem de ouvir e ver Deus.

4. Discípulo: "Mas como poderei ouvir e ver Deus, uma vez que Ele está acima da natureza e da criatura?"

Mestre: "Filho meu, quando estás calmo e silencioso, tu és como Deus era, antes da Natureza e da criatura; és o que Deus foi; és aquilo a partir do que Deus fez tua natureza e criatura. Então ouves e vês o que Deus viu e ouviu em ti, ainda antes que tua própria vontade, visão e audição tivessem começado".

5. Discípulo: "Qual é o obstáculo que me detém e me impede de chegar a esse estado?"

Mestre: "Na verdade, nada senão tua própria vontade, audição e visão te impedem de alcançar esse estado suprasensível do qual provieste; pois caíste e segues à deriva. Com tua própria vontade, te desvias da Vontade de Deus, e com tua própria visão, te apartas da Visão de Deus. Enquanto enxergares apenas com tua vontade, estarás cego à Vontade Divina. Tua vontade detém em ti a audição divina, fazendo-te surdo a Deus, conduzindo-te às coisas terrestres e materiais, exteriores a ti. Então, obscurecido pelos objetos de teu desejo, ficas cativo da natureza; ata-te com tuas próprias cadeias e mantém-te em tua própria e escura prisão, que tu mesmo fizeste, e não te podes livrar e chegar ao estado sobrenatural e suprasensível".

6. Discípulo: "Mas uma vez que estou na natureza, aprisionado por minhas próprias cadeias e minha própria vontade natural,

peço que me digas de que maneira, estando na natureza, posso chegar a esse plano sobrenatural, sem destruí-la?"

MESTRE: "Três coisas são necessárias: a primeira, que resignes tua vontade à de Deus e te lances no abismo de Sua misericórdia; a segunda, que odeies tua própria vontade e não faças nada daquilo a que ela te conduz; a terceira, que te inclines pacientemente sob a cruz, submetendo-te a ela de coração, para que possas resistir às tentações da natureza e da criatura. Se assim o fizeres, Deus falará em teu interior e conduzirá tua resignada vontade para Si, para o plano sobrenatural, e então escutarás o que o Senhor fala em ti".

7. DISCÍPULO: "Estas são duras palavras, mestre, pois para fazer isso, teria de renunciar ao mundo e à minha vida".

MESTRE: "Não te desalentes com isso. Se renunciares ao mundo, chegarás àquilo a partir do qual o mundo foi feito. Se perderes tua vida, encontrarás a vida n'Aquele pelo qual renunciastes a ela; tua vida estará em Deus, de quem proveio para entrar em teu corpo. À medida que teu próprio poder tornar-se fraco e começar a morrer, o poder de Deus agirá em ti e através de ti".

8. DISCÍPULO: "Não obstante, uma vez que Deus criou o homem na vida natural e para ela, a fim de que ele reinasse sobre todas as criaturas da terra e fosse senhor de todas as coisas deste mundo, não parece absurdo desejar possuir este mundo e suas coisas".

MESTRE: "Se, por meio de tua vontade e teu domínio, reinas sobre todas as criaturas apenas exteriormente, isto é algo bestial e exerces um domínio apenas imaginário e passageiro. Mas se tua inclinação é a de possuir e reinar sobre todas as coisas deste mundo de maneira verdadeira, deves seguir outra via".

DISCÍPULO: "O que devo fazer para chegar a tal soberania?"

MESTRE: "Deves aprender a distinguir entre o real e o que é apenas uma imagem dele; entre tal soberania, que é essencial e se localiza no plano ou natureza interior, e a que é imaginária, que se localiza numa forma ou semelhança exterior; entre o que é propriamente angélico e o que é apenas bestial. Se governas sobre as criaturas apenas exteriormente, e não a partir do plano interior de tua natureza renovada, que é o correto, tua vontade e regência serão bestiais; no melhor dos casos, será um domínio imaginário e transitório, carente de tudo que é essencial e permanente. Exercendo um domínio exterior sobre as criaturas, perdes a essência e a realidade, restando apenas a imagem e a sombra de teu primeiro e original domínio. Porém, se fores sábio e seguires o caminho correto, tua investidura te será dada pelo Senhor Supremo, e poderás recuperar teu domínio original. Pois, se tua vontade e teu domínio têm um modo bestial, também introduzes teu desejo numa essência bestial, és infectado e aprisionado por ela, e obténs uma natureza e condição de vida inferior; mas se te desprendes de tua natureza bestial e feroz, e abandonas a vida imaginária e sua baixa condição, chegas à supraimaginação e à vida intelectual – um estado de vida que está acima das imagens, figuras e sombras –, e dominas todas as criaturas a partir do fundamento do qual elas foram e são criadas, nada havendo sobre a terra que te possa causar dano, pois és igual a todas as coisas e nada há que seja diferente de ti".

9. Discípulo: "Ó mestre, suplico-te que me ensines a maneira mais rápida de chegar a esse estado".

Mestre: "De todo meu coração! Pensa nas palavras de nosso Senhor Jesus Cristo: *A menos que vos convertais e vos torneis como criancinhas, não entrareis no Reino dos Céus* (Mat.18:3). Não há caminho mais curto que este, nem se pode encontrar caminho melhor. Em verdade, Jesus te diz que a não ser que te transformes e sejas como uma criancinha, d'Ele dependendo para todas as coisas, não verás o Reino de Deus. Faz isso, e nada te poderá causar dano, pois serás amigo de todas as coisas que existem, uma vez que dependerás do Autor e Fonte delas e, por tal dependência e pela união de tua vontade com a Vontade d'Ele, tornar-te-ás como Ele.

"Mas observa o que ainda tenho a dizer e não te inquietes com isso, mesmo que a princípio te possa ser difícil concebê-lo. Se desejas ser como todas as coisas, tens de renunciar a elas, afastar-te de todas elas e não desejar nenhuma delas; não deves estender tua vontade para possuí-las para ti como propriedades. Pois, assim que acolhes algo em teu desejo e o recebes em ti como tua propriedade, essa mesma coisa, seja qual for sua natureza, identifica-se contigo e age em tua vontade; então és obrigado a protegê-la e a cuidar dela, como se formasse parte de teu próprio ser. Mas se nada acolhes em teu desejo, és livre de todas as coisas, e governas sobre todas elas ao mesmo tempo, como um príncipe de Deus, pois nada recebeste para ti mesmo, e és como nada para todas as coisas, e todas as coisas são como nada para ti. És como uma criancinha que não compreende o que uma coisa é; e ainda que a compreendas, teu entendimento não se mescla a ela, e ela não afeta ou aprisiona tua percepção. Do mesmo modo, Deus governa, vê e compreende todas as coisas, sem ser apreendido por elas".

DISCÍPULO: "Ah!, como farei para chegar a essa compreensão celeste, a essa visão de todas as coisas que ocorrem em Deus, a esse conhecimento puro e despojado que está além dos sentidos? Como alcançar essa Luz que está acima da Natureza e da criatura, essa participação na *Sabedoria Divina* que vê todas as coisas e governa através de todos os seres intelectuais? Pois, ai!, sinto-me a cada momento tocado pelas coisas exteriores que me rodeiam e obscurecido pelos vapores que se elevam da terra. Assim, peço que me ensines, se possível for, como alcançar tal estado em que nenhuma criatura poderá molestar-me, e, também, como preparar minha mente para que a *Sabedoria Divina* penetre e habite em mim".

MESTRE: "Se queres saber como chegar a isso, como ser intocável para as coisas sensíveis, como contemplar a própria Luz de Deus e ver todas as coisas com ela, remeter-te-ei a quem me ensinou, nosso Mestre – o único que ensina ao coração –, para que aprendas diretamente dele. Considera as palavras de Cristo, que é a Luz e a Verdade: *Sem mim nada podeis fazer* (João 15:5). Por teu próprio poder, nunca poderás chegar a um repouso como esse, ou à verdadeira quietude da alma, na qual criatura alguma poderá molestar-te. Porém, se te entregares por completo à vida de nosso Senhor Jesus Cristo, resignando tua vontade inteiramente a ele e não desejando nada além dele, estarás, com teu corpo, no mundo e nas propriedades da natureza exterior, com tua razão, sob a cruz de nosso Senhor Jesus Cristo, e, com tua vontade, caminharás no céu e alcançarás o Fim do qual todas as criaturas provêm e ao qual retornam. Neste lugar, onde o *Fim* é idêntico ao *Início*, poderás contemplar todas as coisas exteriormente com tua razão e interiormente com teu espírito; enfim, reinarás em e sobre todas as coisas com Cristo, a quem todo poder é dado tanto no Céu como na terra" [Mat.28:18].

10. Discípulo: "Ó mestre, por mais que eu deseje, as criaturas [as forças][2] que vivem em mim não deixam que eu me entregue inteiramente. O que devo fazer?"

Mestre: "Não permitas que isto te preocupe. Se afastas tua vontade das criaturas, então as criaturas são abandonadas por ti. Elas estão no mundo, e teu corpo, que está no mundo, está com as criaturas; mas, espiritualmente, caminhas e conversas com Deus no céu. Estando Ele em tua mente, estarás redimido da terra e separado das criaturas. Se abandonas as criaturas, elas morrem para a vontade e vivem apenas no corpo. Se a vontade não se dirige às criaturas, estas não podem introduzir-se em tua vontade nem tocar tua alma. São Paulo diz: *"Nossa conversação está no céu"* [Filip. 3:20], e ainda: *"Sois o templo de Deus, e o Espírito de Deus habita em vós"* [1 Cor. 6:19]. Os verdadeiros cristãos são, portanto, templos do Espírito Santo que neles habita. Assim o Espírito Santo habita a vontade, e as criaturas, o corpo".

11. Discípulo: "Se o Espírito Santo habita a vontade, como devo agir para que não se afaste de mim?"

Mestre: "Escuta as palavras de nosso Senhor Jesus Cristo: *Se permaneceis nas minhas palavras, minhas palavras permanecerão em vós* [João 8:31]. Se permaneceres com tua vontade nas palavras do Cristo, Sua Palavra e Seu Espírito permanecerão em ti. Mas se tua vontade entra na criatura, te separas d'Ele, e nada podes fazer,

---

2. Nestes três tratados, quando Bœhme emprega o termo criatura ou criaturas refere-se, muitas vezes, não a seres exteriores, mas às propriedades ou qualidades bestiais do homem caído.

exceto permanecer continuamente na mais resignada humildade e entregar-te a uma constante penitência, de modo a estar num contínuo arrependimento de, por tua própria vontade, teres permitido que as criaturas vivessem em ti. Se fazes isto, morres gradualmente para as criaturas e, com tua vontade, ascendes gradualmente ao Céu. Então esta virá a ser a Vontade de teu Pai celeste".

12. Discípulo: "Ó meu amado mestre! Ensina-me como chegar a essa constante penitência e à morte gradual para as coisas criadas. Como permanecer continuamente no arrependimento?"

Mestre: "Quando abandonares aquilo que te ama e amares aquilo que te odeia, poderás então permanecer continuamente no arrependimento".

13. Discípulo: "O que devo, então, abandonar?"

Mestre: "Deves abandonar todas as coisas que te amam e te distraem, pois tua vontade as ama e as acolhe; todas as coisas que te agradam e nutrem, pois tua vontade as nutre e cuida delas; todas as criaturas de carne e osso. Em suma, a vontade de tua mente – tua parte mais elevada – deve abandonar todas as coisas visíveis e invisíveis, pelas quais a imaginação ou o apetite sensível dos homens é satisfeito e renovado. Este é o abandono daquilo que te ama. E o amor daquilo que te odeia, é abraçar a reprovação do mundo. Tens de aprender a amar a cruz do Senhor Jesus Cristo, a comprazer-te com a reprovação do mundo que te odeia, te engana e escarnece de ti. Que esta seja tua prática cotidiana de penitência, crucificando-te para o mundo, e o mundo para ti. Então terás contínuos motivos para odiar a ti mesmo como criatura e buscar o repouso eterno que está em Cristo. Uma vez que esse repouso seja alcançado, tua vontade poderá descansar a salvo. Cristo diz: *Em mim podeis ter repouso, mas no mundo tereis ansiedade; em mim podeis ter paz, mas no mundo tereis tribulação*" [João 16:33].

14. Discípulo: "Como poderei suportar tal tribulação, para não perder a paz eterna e entrar nesse repouso? E como resistir a tal tentação e não sucumbir ao mundo, para poder elevar-me acima dele com uma vida verdadeiramente celeste e suprasensível?"

MESTRE: "Se, por um instante, a cada hora te lançares, por meio da fé, para além das criaturas, para além de toda a percepção sensível, para além de todo discurso e raciocínio, na mais pura misericórdia de Deus, nos sofrimentos de nosso Senhor, e te entregares plenamente a isto, receberás poder desde o Alto para governar sobre a morte e o diabo, e para submeter o inferno e o mundo a teus pés. Então poderás resistir a todas as tentações e adquirir um brilho ainda maior através delas".

15. DISCÍPULO: "Bem-aventurado o homem que chega a um estado como esse! Mas, ai!, como um pobre homem como eu poderia chegar a isso? Ó meu mestre, o que seria de mim se chegasse com minha mente ao lugar onde não há criatura alguma?"

Mestre, com muita doçura: "Querido discípulo, se por alguns momentos pudesses desprender tua vontade de todas as criaturas e elevar-te até onde criatura alguma pode existir, serias revestido do mais sublime esplendor da glória divina e provarias em ti o dulcíssimo amor de nosso Senhor Jesus Cristo, que língua alguma pode descrever. Descobririas em ti as inexprimíveis palavras de nosso Senhor concernentes à sua grande misericórdia. Teu espírito experimentaria o doce benefício que é a cruz de Cristo, e a preferiria a toda glória e a todos os bens deste mundo".

16. DISCÍPULO: "Em verdade, isto seria muito bom para a alma. Mas o que aconteceria com o corpo, visto que tem de viver nas coisas criadas?"

MESTRE: "O corpo entraria na imitação de nosso Senhor Jesus Cristo, na comunhão com seu corpo sumamente bendito – que foi o verdadeiro templo da Divindade –, e na participação de todos os seus feitos, virtudes e influências. Viveria na criatura e no mundo – disposto pelo Criador para ser cultivado pelo homem –, pedindo para, no tempo e modo designados por Deus, ser libertado do mundo e, como o corpo glorificado de nosso Senhor e dos santos ressuscitados, entrar na liberdade e glória eternas ".

DISCÍPULO: "Mas estando o corpo em sua constituição presente, sendo objeto da vaidade, vivendo numa vã imagem e numa sombra própria à criatura, segundo a vida das bestas cujo alento

SOBRE A VIDA SUPRASENSÍVEL / 75

desce à terra, temo seguir aviltando a mente que tenta elevar-se a Deus, entretendo-a e inquietando-a com sonhos e enganos, deixando entrar os objetos de fora que me atraem para baixo, para o mundo e suas turbulências. Pois, mesmo vivendo no mundo, desejo manter minha conversação no céu. O que devo, então, fazer com este corpo, para ser capaz de manter essa conversação e não seguir sendo subjugado pelo mundo?"

MESTRE: "Para isso, só o que podes fazer é oferecer o corpo que te oprime – a besta que deve ser sacrificada – como "serviço racional", por meio do qual teu corpo será levado à imitação de Jesus Cristo, que anunciou que seu reino não é deste mundo [João 18:36]. Não te conformes, pois, com ele, mas transforma-o pela renovação de tua mente, que há de ter domínio sobre o corpo. Então poderás experimentar, tanto no corpo como na mente, a Vontade perfeita de Deus e, por Sua graça, executá-La. O corpo, ou a vida animal, ao ser assim oferecido, começaria a morrer, tanto para o que está fora como para o que está dentro. Exteriormente, morreria para a vaidade, os maus costumes e as convenções do mundo, e tornar-se-ia um severo inimigo de toda pompa, ostentação, orgulho, ambição e arrogância do mundo e de suas criaturas. Interiormente, morreria para todas as concupiscências e apetites da carne, obtendo uma vontade e uma mente totalmente novas, capazes de governá-las. O corpo e tudo o que é ligado a ele, estaria então submetido ao espírito, que se dirige continuamente a Deus. E assim, imitando o Corpo de teu Senhor, teu próprio corpo se tornará o templo de Deus e de Seu Espírito".

17. DISCÍPULO: "Mas seria odiado e desprezado pelo mundo, pois estaria vivendo e agindo de modo contrário ao do próprio mundo. O que fazer então?"

MESTRE: "Não tomar nada disso como um dano que lhe é infligido, mas regozijar-se por tornar-se merecedor de ser como a imagem de nosso Senhor Jesus Cristo, suportando voluntariamente a cruz, como nosso Senhor, para que Ele possa derramar sobre ti a influência de Seu doce e precioso Amor".

18. Discípulo: "Não duvido que para alguns isto possa ser assim. Não obstante, de minha parte, encontro-me dividido [entre o mundo e a cruz de Cristo] e ainda não sinto suficientemente essa abençoada influência sobre mim. Oh!, com que satisfação meu corpo tomaria para si esta cruz, se dependesse de mim, pois este é meu desejo. É por isso que te peço perdão, amável senhor, se minha impaciência ainda pergunta: o que seria de meu corpo se a cólera de Deus, interiormente, e o malévolo mundo, exteriormente, o assaltassem ao mesmo tempo, como ocorreu a Cristo nosso Senhor?"

Mestre: "Seja tudo como foi com Cristo nosso Senhor. Quando foi censurado, caluniado e crucificado pelo mundo e assaltado pela cólera de Deus para nosso benefício, o que fez ele diante dessa terrível investida interior e exterior? Encomendou sua alma às mãos de seu Pai e partiu da angústia deste mundo para a alegria eterna. Faz o mesmo, e a sua morte será tua vida".

Discípulo: "Seja para mim como foi para Cristo nosso Senhor, e para meu corpo como para o seu. Entrego meu corpo em Suas mãos, oferecendo-o em Seu nome, de acordo com Sua vontade revelada. Não obstante, desejaria saber o que ocorreria a meu corpo no esforço para sair da angústia deste mundo miserável e entrar no poder do reino celeste".

Mestre: "Pela tranqüila introversão do espírito e pela secreta comunhão com a Divindade, que se manifestará com este fim – em meio à censura e oposição do mundo, às aflições e dores da carne, que são apenas efeitos da impressão sensível das coisas exteriores –, penetrarás teu próprio interior, perder-te-ás no grande Amor de Deus e serás sustentado e renovado pelo dulcíssimo nome JESUS. Verás e descobrirás dentro de ti um novo mundo brotando, através da cólera de Deus, para o amor e a alegria eternas. Nada de mal poderá tocar-te enquanto permaneceres nesse Amor, que é mais forte que todas as coisas, tornando o homem invulnerável tanto ao de dentro como ao de fora; pois o Amor arranca o aguilhão e o veneno das criaturas, e destrói o poder da morte.

"Portanto, o homem deveria envolver sua alma no amor de Deus, revestindo-se dele como com um manto, e considerar todas as coisas como iguais. E assim, ainda que o corpo estivesse no inferno ou na terra, tudo lhe seria o mesmo, pois sua mente permanece no mais alto amor de Deus, que é o mesmo que dizer que está no céu".

19. Discípulo: "Mas como proveria as necessidades de seu corpo e das pessoas que dele dependem neste mundo, se por tal conversão o desagrado de todo o mundo caísse sobre ele?"

Mestre: "Tal homem receberia favores maiores que aqueles que o mundo é capaz de dispensar-lhe, pois teria Deus e todos os anjos como amigos, e eles o aliviariam e protegeriam em todas as necessidades e perigos. Não tem motivo para temer nenhum tipo de mal, pois criatura alguma pode causar-lhe dano. Deus é quem o ajuda e o ampara em tudo, e isto é suficiente. E embora, às vezes, possa parecer que Ele não o esteja abençoando, isto é apenas uma prova, para que possa atrair o amor divino e orar mais fervorosamente ainda, dirigindo a Ele todos os seus caminhos".

20. Discípulo: "Mas com isso esse homem perderá todos os seus bons amigos e não haverá ninguém que o ajude em suas dificuldades".

Mestre: "Ao contrário, ele conquista o coração de todos os seus verdadeiros amigos e perde apenas seus inimigos, que antes amavam sua vaidade e sua malícia".

21. Discípulo: "Mas como pode conquistar seus verdadeiros amigos?"

Mestre: "Ele ganha por irmãos e membros de sua própria vida todos os corações e almas daqueles que pertencem a nosso Senhor Jesus; pois todos os filhos de Deus são *Um* em Cristo, e Cristo está em todos. Por isso, recebe-os como membros no corpo de Cristo, pois todos compartilham os mesmos bens celestiais e vivem no mesmo amor de Deus, como os ramos de uma árvore, de uma mesma raiz. De modo que esse homem não carece de amigos e relações espirituais; amigos que vale a pena ter, que, embora lhe possam ser desconhecidos neste mundo, seguirão sendo seus amigos para além da morte, por toda eternidade. Sequer desejará os amigos exteriores naturais, como Cristo nosso Senhor tampouco os desejou quando esteve na terra. Ainda que os sumo-sacerdotes e autoridades do mundo não possam amá-lo, porque não são dos seus, os capazes de seu amor e receptivos às suas palavras o amarão. Assim, aqueles que amam a verdade e a justiça o amarão e se associarão a ele. E mesmo que estejam distantes fisicamente, ou em aparente desacordo quanto a seus assuntos mundanos, em seus corações estão unidos a ele. Pois embora não participem realmente de um mesmo "corpo", não deixam de ter a mesma compreensão, e, pela grande consideração que têm para com a verdade que brilha em sua vida e suas palavras, estão unidos pelo afeto e convertem-se em seus amigos declarados, ou secretos. Assim ele arrebata seus corações, e eles se deleitarão com sua companhia e cortejarão sua amizade, e se não se atrevem a fazê-lo abertamente, procurarão beneficiar-se de sua conversação e conselho às escondidas. – Assim Nicodemus aproximava-se de Cristo: procurava-o durante a noite; pois, embora exteriormente temesse a reprovação do mundo, em seu coração amava Jesus por amor à verdade. – Assim, ele terá muitos bons amigos que lhe serão desconhecidos, e também alguns conhecidos que diante do mundo não poderão manifestar essa amizade".

22. Discípulo: "Mas é muito penoso ser desprezado por todos e pisoteado pelos homens como a coisa mais vil e desprezível do mundo".

Mestre: "O que agora te parece difícil e pesado, mais tarde aprenderás a amar sobre todas as coisas".

23. Discípulo: "Como chegarei a amar aquilo que me odeia?"

Mestre: "Agora, amas a sabedoria terrena. Contudo, quando te revestires da sabedoria celeste, verás que toda a sabedoria do mundo é insensatez [ou loucura], e que o mundo odeia apenas teu inimigo, isto é, tua vida mortal. E quando, por meio de uma habitual separação entre tua mente e o mundo, chegares a odiar a vontade da tua vida mortal, então começarás a amar, por Cristo, esse desprezo do mundo por tua parte animal e mortal. Com isso, tomando um curso de vida que estará acima do mundo e dos sentidos, serás capaz de suportar toda tentação, sem te desviares de tua meta. Então, odiarás a ti mesmo, e também amarás a ti mesmo. Digo que amarás a ti mesmo, ainda mais que antes".

24. DISCÍPULO: "Como estas duas coisas podem subsistir juntas? Como uma pessoa pode amar-se e odiar-se ao mesmo tempo?"

MESTRE: "Ao amar a ti mesmo, não amas a ti mesmo como algo que te é próprio, mas como algo que te é dado pelo amor de Deus. Amas o que há de divino em ti. Assim, amas a sabedoria, a bondade e a beleza divina; amas também as maravilhosas obras de Deus e, desse modo, a teus irmãos. Mas ao odiar a ti mesmo, odeias somente aquilo que te é próprio, o que te prende aos ganchos do mal. Fazes isto para destruir completamente tua *egoidade*, para libertar-te de tudo aquilo que equivocadamente chamas de 'eu', como quando dizes 'eu faço isto'. Nada há que possas chamar de 'teu', salvo teu mau eu; e nada podes fazer por ti mesmo que mereça ser levado em conta. Portanto, esforça-te para destruir essa egoidade, de modo a converter-te inteiramente num fundamento divino.

"O Amor – o Amor divino, o único ao qual nos referimos até agora – odeia toda egoidade, odeia tudo aquilo a que chamamos 'eu'. Odeia todas essas restrições e confinamentos, e tudo o que surge de um espírito contraído e dessa maligna egoidade. Não pode haver ego algum no Amor, pois são opostos um ao outro, e é impossível que estejam juntos, ou subsistam numa mesma pessoa: um expulsa o outro como uma necessidade de suas naturezas. O Amor possui o céu e habita em si mesmo, enquanto a egoidade possui o mundo e as coisas mundanas, e também habita em si mesma. Assim como o céu governa o mundo, e a eternidade, o tempo, o Amor deveria governar a vida natural-temporal. É o único meio de alcançar essa vida sobrenatural e eterna à qual tanto desejas ser conduzido".

25. DISCÍPULO: "Mestre, peço que me digas por que o amor e o ódio, a amizade e a inimizade têm de existir juntos? Não seria melhor que existisse apenas amor?"

MESTRE: "Se o amor não habitasse o sofrimento, nada haveria que pudesse ser amado. Contudo, uma vez que o amor divino habita a alma, e esta encontra-se no sofrimento e na dor, o amor ama seu próprio ser [ou substância] na alma e liberta-a da dor, de modo que, com isso, ele próprio possa ser amado.

"Se não existisse o ódio, não se saberia o que é o amor; ou o que é a amizade, se não houvesse a inimizade contra a qual lutar. Por outro lado, não se poderia conhecer o amor, se não houvesse algo que se pudesse amar, algo que manifeste a virtude e o poder do amor, que liberta o amado de todo sofrimento e dor".

26. Discípulo: "Qual é a virtude, o poder, a altura e a grandeza do amor?"

Mestre: "Sua virtude é o Nada e o Tudo, o Nada do qual todas as coisas provêm; seu poder estende-se através de todas as coisas; sua altura é tão elevada quanto Deus, e sua grandeza tão grande quanto Ele. Sua virtude é o Princípio de todos os princípios, e seu poder sustém os céus e a terra. Sua altura é mais elevada que os mais elevados céus, e sua grandeza é ainda maior que a própria manifestação da Divindade na Luz gloriosa da essência divina, e tem uma capacidade infinita de manifestações cada vez maiores em toda a eternidade. É maior que o Maior. Sim, em certo sentido é maior que Deus. Mesmo porque, no mais elevado sentido, Deus é Amor, e o amor é Deus. Sendo o Amor o mais elevado princípio, é a Virtude de todas as virtudes, da qual todas surgem. Sendo o Amor a maior Majestade, é o Poder de todos os poderes, a partir do qual eles agem. É a Santa Raiz Mágica, o poder espectral a partir do qual os servos eleitos de Deus produziram, nas sucessivas gerações, todos os prodígios. Quem quer que o encontre, encontra Nada e todas as coisas.

27. Discípulo: "Ó querido mestre!, dize-me como devo entender isto".

Mestre: "O significado das palavras 'sua virtude é o Nada' – esse Nada que é o início de todas as coisas – só te será acessível quando te afastares de todas as criaturas e do que é visível, e te tornares nada para tudo o que é natureza e criatura. Então, te encontrarás nesse *Um* eterno, que é a própria Divindade e descobrirás, em teu interior, a mais elevada virtude do Amor.

"Quando digo 'seu poder estende-se através de todas as coisas', é isto que descobrirás em tua própria alma e em teu próprio corpo; pois, se alguma vez este Amor acender-se em ti, arderá mais que qualquer fogo poderia fazê-lo. É o que ocorreu com os profetas, e, posteriormente, com os apóstolos, quando Deus falou-lhes corporalmente e Seu Espírito desceu sobre eles no oratório de Sião [Atos 2:3]. Então também verás, em todas as obras de Deus, como o Amor verteu-se sobre todas as coisas e de que modo ele é o fundamento mais interior e mais exterior de todas as coisas: interiormente, da virtude e poder de todas coisas; exteriormente, de sua figura e forma.

"E quando digo 'sua altura é tão elevada quanto Deus', poderás compreender isso em ti mesmo, pois o amor pode elevar-te tão alto quanto o próprio Deus, tal como, pelo Amor, nosso amado Senhor Jesus Cristo elevou nossa humanidade ao mais alto trono, acima de todos os principados e potestades angélicas, ao poder da própria Divindade.

"Mas quando digo 'sua grandeza é tão grande quanto Deus', deves entender que no amor há uma certa grandeza e expansão do coração que é inexprimível, pois dilata a alma tanto quanto a criação inteira de Deus. E isto será verdadeiramente experimentado por ti, para além de todas as palavras, quando o Trono do Amor se estabelecer em teu coração.

"E quando digo 'sua virtude é o Princípio de todos os princípios', deves entender que o Amor é a causa principal de todos os seres criados, espirituais e corporais, em virtude da qual as causas segundas se movem e agem, conforme as leis eternas estabelecidas na própria constituição das coisas desde o Início. Esta virtude do Amor é a vida e a energia de todos os princípios, superiores e inferiores, da Natureza. Estende-se a todos os mundos e a todos os seres neles contidos, agentes do Amor divino. O Amor é o primeiro motor, é o primeiro a mover-se tanto em cima, nos céus, como embaixo, na terra, e também na água que está sob a terra. Por isso se lhe dá o nome de *Alef Lúcido*, ou Alfa, o início do alfabeto da Natureza e do Livro da Criação e da Providência – o

Livro Arquetípico divino –, no qual a Luz da Sabedoria e a fonte de todas as luzes e de todas as formas acham-se inscritas.

"E quando digo 'seu poder sustenta os céus', deves entender que os céus visíveis e invisíveis originam-se a partir desse grande Princípio, e são necessariamente sustentados por ele; e se o Amor alguma vez se retirasse, ainda que por um instante, todas as luzes, glórias, belezas e poemas dos mundos celestes sumiriam nas Trevas e no Caos.

"E se posteriormente digo 'que sustenta a terra', isto te será tão evidente quanto a afirmação anterior, e poderás descobri-lo em ti mesmo pela experiência de cada dia e de cada hora, pois sem ele a terra – inclusive tua própria terra, isto é, teu corpo – certamente careceria de forma e estaria vazia. A terra foi até agora sustentada por seu poder – apesar de um poder estranho e usurpador ter sido introduzido nela pela estupidez do pecado –, e se o Amor alguma vez falhasse ou se detivesse, já não poderia haver crescimento ou animação sobre a terra; sim, os pilares da terra seriam arremessados, e o laço de união – a atração, ou magnetismo, também denominado poder centrípeto – seria rompido e dissolvido, e a terra, chegando à mais extrema desordem, cairia em pedaços e se dispersaria como pó ao vento.

"E quando digo 'sua altura é mais elevada que os mais altos céus', também poderás prová-lo dentro de ti mesmo. Pois, se ascenderes em espírito através de todas as ordens de anjos e potestades celestes, verás que o poder do Amor é indiscutivelmente superior a todas elas. E assim como o Trono de Deus, que se assenta sobre o Céu dos céus, é mais alto que o mais alto dos céus, também o Amor há de sê-lo, pois preenche e abarca a todos.

"E se digo 'o Amor é maior que a própria manifestação da Divindade na cruz da essência divina', isto também é certo. Pois o Amor penetra mesmo onde a Divindade não se manifesta com Sua gloriosa Luz, onde poder-se-ia dizer que Deus não habita. Ao entrar ali, o Amor começa a manifestar a Luz da Divindade para a alma, e assim as Trevas são fendidas, e as maravilhas da nova criação manifestadas de maneira sucessiva.

"Assim, serás levado a compreender real e fundamentalmente qual é a virtude e o poder do Amor, sua altura e grandeza, e como ele é a 'virtude de todas as coisas', uma poderosa energia vital que passa através de todas as virtudes e poderes, naturais e sobrenaturais. Saberás que ele é o 'Poder de todos os poderes', pois nada é capaz de obstruir a onipotência do Amor, ou de resistir a seu invencível poder penetrante, que perpassa toda a Criação, inspecionando e governando todas as coisas.

"E se digo 'é mais elevado que o mais alto, e maior que o Maior', é porque poderás perceber, como num lampejo, a altura e a grandeza supremas do onipotente Amor, que transcende infinitamente tudo o que os sentidos e a razão humanas podem alcançar. Os mais elevados arcanjos e as maiores potestades do céu, comparados a ele, são anões. Nada maior e mais elevado pode ser concebido em Deus, mesmo pela mais elevada e maior de Suas criaturas. Nele há tal infinitude, que compreende e sobrepassa todos os atributos divinos.

"Mas eu também disse 'sua grandeza é maior que Deus', e isso é igualmente certo no sentido em que foi dito. Como observei, o Amor pode entrar em lugares que Deus não habita, pois o Altíssimo não habita as Trevas, mas a Luz, estando as Trevas infernais sob Seus pés. Assim, por exemplo, quando nosso amado Senhor Jesus Cristo desceu ao inferno, esta não era a morada de Deus ou de Cristo. O inferno não era Deus, não estava e nem poderia de modo algum estar em Deus; o inferno estava nas Trevas e na angústia da Natureza, e nenhuma Luz da Majestade divina entrava nele. Deus não estava ali, pois Ele não está nas Trevas e na angústia; mas o Amor sim, e o Amor destruiu a morte e conquistou o inferno. Do mesmo modo, quando estás angustiado ou atribulado – o que constitui o inferno interior –, Deus não é a angústia ou a atribulação, nem está na angústia ou na atribulação; mas Seu amor está ali, e te tira da angústia e do problema para conduzir-te a Deus, à Luz e à alegria de Sua presença. Quando Deus se oculta em ti, o Amor todavia está ali e se manifesta em ti. Eis a inconcebível grandeza e amplitude do Amor: fora da Natureza, ele te parecerá tão grande quanto Deus, e na Natureza, maior que Deus enquanto Luz de Glória.

"E quando eu disse 'quem quer que o encontre, encontra Nada e todas as coisas', isso também é certo e verdadeiro; pois aquele que o encontra, encontra um abismo sobrenatural e suprasensível, desprovido de fundamento sobre o qual se possa apoiar, e sem lugar em que se possa habitar. Descobre também que não há nada que seja semelhante ao Amor, e assim não há nada com que se possa compará-lo. Pois ele é mais profundo que tudo, e como nada em relação a todas as coisas, por não ser compreensível a nenhuma delas. E, uma vez que, de um modo relativo, ele é Nada, está livre de todas as coisas. Ele é esse bem único que o homem não pode expressar, por não haver nada com que possa ser comparado.

"E quando por fim eu disse 'quem quer que o encontre, encontra todas as coisas', nada é mais verdadeiro que esta afirmação. Ele foi o início de todas as coisas, e abarca todas as coisas. Todas as coisas provêm dele, estão nele e existem por ele. Se o encontrares, chegarás ao fundamento do qual todas as coisas provêm e no qual subsistem, e nele serás um rei sobre todas as obras de Deus."

Neste momento, enlevado com as palavras de seu mestre, o discípulo rendeu humildes graças por essa luz, de cuja transmissão o mestre havia sido o instrumento. Porém, desejoso de escutar mais a respeito destas elevadas questões e conhecê-las com maior profundidade, perguntou se poderia aguardá-lo no dia seguinte, e se estaria disposto a mostrar-lhe como e onde encontrar isso que estava muito além de todo preço e valor, onde poderia encontrar seu lugar e sua morada na natureza humana, e ainda qual o processo de sua revelação.

O mestre respondeu: "Pois bem, falaremos disso em nosso próximo encontro. Deus nos revelará as respostas por meio de Seu Espírito, que sonda todas as coisas. Se recordares bem o que te disse no começo, logo chegarás a entender a Sabedoria oculta de Deus, que nenhum dos sábios do mundo conhece: receberás do alto o discernimento para encontrar em ti a fonte de tal Sabedoria. Sê, portanto, silencioso em teu espírito e observa a oração, para que amanhã, no amor de Cristo, quando nos encontrarmos, tua mente possa estar em condições apropriadas para encontrar essa nobre pérola que, aos olhos do mundo, nada é, mas que, para os filhos da Sabedoria, é todas as coisas".

II

COMO ATRAVESSAR O RIO QUE SEPARA OS DOIS PRINCÍPIOS, OS REINOS DO CÉU E O DO INFERNO, E PARTICULARMENTE COMO REALIZAR NA ALMA ESSA TRANSIÇÃO. QUAL É O MURO QUE SE INTERPÕE ENTRE A ALMA E DEUS; COMO DERRUBAR ESTE MURO DE SEPARAÇÃO E DE QUE MODO ISTO SE REALIZA. QUAL É O CENTRO DA LUZ DE DEUS, E QUAL O DA NATUREZA; DE QUE MODO ELES SÃO OPERATIVOS EM SUAS DIVERSAS ESFERAS E COMO EVITAR QUE UM INTERFIRA NO OUTRO. AS DUAS VONTADES E SUA OPOSIÇÃO NO ESTADO DECAÍDO. A RODA MÁGICA DA VONTADE E COMO SEU MOVIMENTO PODE SER REGULADO. O OLHO QUE SE ENCONTRA NO CENTRO DA ALMA; O QUE O OLHO DIREITO É PARA A ALMA, O QUE É O ESQUERDO E, ESPECIALMENTE, O QUE É O *OLHO ÚNICO* E DE QUE MODO OBTÊ-LO. A PURIFICAÇÃO ANTE O CONTÁGIO DA MATÉRIA; A DESTRUIÇÃO DO MAL E SUA ANIQUILAÇÃO PELA MUDANÇA DE PRUMO DA VONTADE, QUE PROCEDE DO *PONTO ÚNICO*; ONDE TAL PONTO ESTÁ SITUADO E DE QUE MODO PODE SER DESCOBERTO; E QUAL É O MEIO MAIS PRÓXIMO E SEGURO DE ALCANÇAR O ELEVADO ESTADO SOBRENATURAL E O REINO INTERIOR DE CRISTO, SEGUNDO A VERDADEIRA MAGIA OU SABEDORIA CELESTES.

 O discípulo estava desejoso de ser instruído mais plenamente sobre como poderia alcançar a vida suprasensível e como, tendo encontrado todas as coisas, poderia chegar a ser soberano sobre todas as obras de Deus. Na manhã seguinte, ele aproximou-se novamente de seu mestre, disposto a aprender e receber as instruções que lhe seriam dadas por uma irradiação divina emitida sobre sua mente. Após um breve momento de silêncio, o discípulo inclinou-se, e disse:

 1. DISCÍPULO: "Ó mestre!, procurei recolher minha alma à presença de Deus e lançar-me à profundidade que nenhuma criatura habita, ou pode habitar, para que pudesse escutar a Voz de meu

Senhor falando em mim e fosse iniciado na elevada vida da qual ontem ouvi tão grandes e assombrosas coisas. Mas, ai!, não ouço nem vejo como gostaria. Ainda há em mim um muro que detém os sons celestes e obstrui a entrada da Luz – o único meio com que se pode descobrir as coisas divinas. Enquanto esse muro não for derrubado, poucas esperanças poderei ter, ou mesmo nenhuma, de entrar no lugar em que nenhuma criatura habita, de alcançar isto que chamaste 'Nada e todas as coisas', e chegar às gloriosas conseqüências às quais me impulsionaste. Sê, portanto, amável e dize-me o que me é necessário para que esse obstáculo possa ser derrubado ou removido".

MESTRE: "O obstáculo que impõe esta separação é essa tua vontade própria da criatura, e não pode ser derrubado por nada senão pela graça da abnegação, que é a entrada na verdadeira imitação de Cristo; e não pode ser afastado por nada senão pela perfeita conformidade com a Vontade Divina".

2. DISCÍPULO: "Mas como serei capaz de romper essa vontade própria da criatura, que é inimiga da Vontade Divina? Ou o que terei de fazer para seguir a Cristo num caminho tão difícil e não desmaiar nessa contínua autonegação e resignação à Vontade de Deus?"

MESTRE: "Não haverás de fazê-lo por ti mesmo, mas pela Luz e pela Graça de Deus, que receberás em tua alma, que, se não te opuseres, derrubarão a escuridão que há em ti e fundirão tua vontade própria, que trabalha nas trevas e na corrupção da Natureza, levando-a à obediência de Cristo. Com isso, o muro da *egoidade* da criatura, que te separa de Deus, será removido".

3. DISCÍPULO: "Sei que não posso fazê-lo eu mesmo, e gostaria de aprender como receber a Luz e a Graça divinas, que hão de fazê-lo por mim, se eu mesmo não o impedir. O que, pois, me é necessário para admitir o que derrubará esse muro e permitirá a gradual realização dessa nova vida?"

MESTRE: "A princípio nada te é requerido além de não opor resistência a essa graça que se manifesta em ti. E, em todo o processo de tua obra, nada te será requerido, exceto ser obediente e passivo à Luz de Deus, que brilha através das trevas de teu ser criatural, que não a compreende,[3] pois por teu próprio poder não podes elevar-te para além da luz da natureza".

4. DISCÍPULO: "Porém, se eu puder chegar isso, não alcançarei tanto a Luz de Deus quanto a luz da natureza, operando em suas respectivas esferas? Não terei aberto, ao mesmo tempo, juntos, tanto o olho do Tempo quanto o olho da Eternidade, sem que, não obstante, um interfira com o outro?"

MESTRE: "Sim, é precisamente isso que deve ocorrer".

5. DISCÍPULO: "Grande satisfação me causa escutar isto, pois tenho sentido muita inquietude a esse respeito. Mas a dificuldade está em saber como realizar isto sem que um interfira com o outro. Por isso, desejo saber os limites de um e de outro, e de que modo tanto a Luz divina quanto a luz natural podem agir em suas respectivas e diferentes esferas, tanto na manifestação dos mistérios de Deus e dos mistérios da natureza, como na condução de minha vida interior e exterior".

MESTRE: "Para que se possam conservar distintas em suas diferentes esferas, sem confundir as coisas celestes com as terrestres, e sem romper a *Cadeia Áurea da Sabedoria*, é necessário, em primeiro lugar, que, como o Sol que governa o dia, a Luz sobrenatural e divina se eleve no centro do paraíso [o interior da alma], e se estabeleça como o verdadeiro Oriente. Com grande poder, essa Luz abrirá caminho através de tuas trevas, como um pilar de fogo através de nuvens escuras, e refletirá uma espécie de imagem de si própria [o Intelecto iluminado] na luz inferior da natureza [a razão], que se subordinará a ela: o de baixo se fará servo do de cima, e o de fora se fará servo do de dentro. Portanto, não haverá perigo algum de interferência, pois tudo permanecerá em sua esfera apropriada.

6. DISCÍPULO: "Conseqüentemente, se a razão, ou luz da natureza, não for santificada em minha alma e iluminada por essa Luz

---

3. Nele [no Verbo] estava a vida, a vida era a luz dos homens: e a luz resplandece nas trevas, mas as trevas não a compreenderam. (João 1:5)

superior – pelo Sol eterno e intelectual, desde o Oriente central do santo Mundo da Luz – percebo que sempre haverá alguma confusão e a razão nunca será capaz de discernir corretamente o que cabe ao Tempo e o que cabe à Eternidade; estará sempre perdida e romperá os elos da Cadeia da Sabedoria".

MESTRE: "É como disseste. Tudo é confusão se, para guiar-te, tens apenas a tênue luz da natureza, ou uma razão não santificada nem regenerada, e em ti só está aberto o *olho do tempo*, que nada pode penetrar além de seu próprio limite. Portanto, busca a Fonte da Luz, esperando que o Sol da retidão se eleve nos fundamentos profundos de tua alma, pelo qual a luz da natureza [a razão], com suas propriedades, brilhará sete vezes mais. Pois receberás *o selo, a imagem* e *a impressão* do suprasensível e sobrenatural, de modo que a vida sensível e racional será levada à mais perfeita ordem e harmonia".

7. DISCÍPULO: "Mas como esperar esse Sol glorioso, e como buscar, no centro, a Fonte de Luz que me possa iluminar e conduzir todas as minhas propriedades à perfeita harmonia? Estando eu na natureza, como posso passar através da natureza e de sua luz, e chegar a esse plano sobrenatural e suprasensível, no qual se tem acesso à Luz Verdadeira, que é a Luz Intelectual, sem destruir minha natureza e sem sufocar sua luz própria, que é minha razão?"

MESTRE: "Detém tua própria atividade; fixa persistentemente teu olho interior num único ponto e entrega-te à graça prometida de Deus, que se dá em Cristo; ela te arrancará das trevas e te conduzirá à sua maravilhosa Luz. Para isso, deves recolher todos os teus pensamentos e dirigir-te ao centro, agarrando-te com fé à Palavra de Deus, que é infalível e te chamou. Sê, pois, obediente a este chamado e permanece silencioso perante o Senhor. Senta-te em solidão com Ele em tua mais interior e oculta cela, mantém tua mente centrada em si mesma e aguarda a manifestação de Sua vontade com a paciência da esperança. Desse modo, a luz despontará com a manhã; então, depois que a vermelhidão da aurora tiver passado, o Sol que esperas se elevará em ti. E, sob suas curativas asas, percorrerás as alturas e profundezas em seus brilhantes e salutares esplendores, com imensa alegria. Este é o verdadeiro fundamento suprasensível da Vida".

8. DISCÍPULO: "Assim o creio. Mas isso não destruirá minha natureza? Essa Luz maior, não extinguirá em mim a luz da natureza? Isto não acarretará na destruição de minha vida exterior e meu corpo terrestre?"

MESTRE: "De modo algum. É certo que tua má natureza será destruída. Porém, com essa destruição nada podes perder, e sim ganhar. A essência eterna da natureza é sempre a mesma, antes e depois dessa transformação, e suas propriedades continuarão as mesmas. Assim, a natureza apenas evoluirá, e a luz da natureza, a razão humana, ao ser mantida dentro de seus devidos limites e regulada pela Luz superior, tornar-se-á ainda mais útil".

9. DISCÍPULO: "Como devo usar essa luz inferior? Como mantê-la dentro de seus devidos limites, e de que modo a Luz superior a regula e enobrece? Ensina-me".

MESTRE: "Se desejas manter a luz da natureza dentro de seus próprios limites e fazer uso da Luz de Deus, deves considerar que em tua alma há duas vontades: uma vontade inferior, que te conduz para as coisas de fora e de baixo, e uma vontade superior, que te conduz para as coisas de dentro e do alto. Agora estas duas vontades encontram-se juntas, costas contra costas, se podemos dizer assim, e em direta oposição uma à outra. Mas não foi assim desde o início, pois esta oposição das duas vontades na alma é apenas o efeito do estado decaído. Antes disso, uma estava subordinada à outra, isto é: a vontade superior em cima, como senhor, e a inferior embaixo, como súdito, e assim deveria seguir sendo.

"Também deves considerar que, como desdobramento dessas duas vontades, há igualmente dois olhos na alma, pelos quais elas são diversamente dirigidas; pois esses olhos não estão unidos numa visão única, mas olham, ao mesmo tempo, em direções contrárias. Desse mesmo modo, estão em oposição um ao outro, sem um meio comum que os una. Enquanto esta dupla visão permanecer, é impossível qualquer acordo na determinação de cada uma das vontades. Essa enfermidade, proveniente da desunião e divergência dos raios de visão, deve ser de algum modo remediada, para que se possa obter um novo discernimento da mente.

Ambos os olhos devem, portanto, unir-se numa concentração de raios, pois nada é mais perigoso para a mente que estar nessa duplicidade e não buscar a Unidade. Percebes, bem o sei, que há em ti duas vontades, a superior e a inferior, uma contrária à outra; sabes também que tens dois olhos em teu interior, um contrário ao outro, correspondentes a essas duas vontades. A um olho, que dirige o movimento da roda da vontade superior, chamamos *olho direito*; ao outro, que dirige o movimento da roda contrária e inferior, chamamos *olho esquerdo*.

10. DISCÍPULO: "Percebo, senhor, que tudo isso é certo e produz em mim um contínuo combate e uma ansiedade maior do que sou capaz de expressar. Conheço a enfermidade de minha alma, exposta de maneira tão clara por ti. Ai!, percebo e lamento essa enfermidade que deforma minha visão, e sinto os movimentos desordenados e convulsivos que me arrastam para um lado e para outro. O espírito não vê como a carne, e a carne não vê como o espírito, nem pode fazê-lo. Por isso, a vontade do espírito opõe-se à da carne, e a vontade da carne à de meu espírito. Este tem sido meu difícil caso. Como remediá-lo? Oh!, eu desejaria saber como chegar à unidade da vontade e como entrar na unidade da visão!"

MESTRE: "Guarda bem o que te direi agora. Teu olho direito olha para frente e para a eternidade, e teu olho esquerdo para trás e para o tempo. Se consentes que teu olhar se dirija sempre à natureza e às coisas temporais, conduzindo a vontade ao desejo, te será impossível alcançar a unidade que tanto buscas. Recorda isso e mantém-te em guarda: não permitas que tua mente entre no que está fora de ti, ou com isso seja preenchida. Não olhes para trás, deves abandonar a ti mesmo e olhar para frente, em direção a Cristo. Não deixes que teu olho esquerdo te engane com suas intermináveis representações, excitando, com isso, a ansiosa cobiça de auto-propriedade. Faz antes com que teu olho direito mande trazer de volta o esquerdo e o atraia para si, para que não possa comerciar e adquirir, às tuas expensas, as maravilhas e deleites da natureza. Sim, é melhor arrancá-lo e expulsá-lo de ti que tolerar sua ação irrestrita na natureza, seguindo seus próprios caprichos. Contudo, não há necessidade disso, pois ambos os olhos podem tornar-se muito úteis, se corretamente ordenados. Tanto a Luz divina quanto a luz natural podem subsistir juntas na alma e ser de mútua utilidade uma para a outra. Mas nunca chegarás à Unidade da visão, ou à uniformidade das vontades, se não entrares plenamente na Vontade de Cristo nosso Salvador; com isso, introduzirás o *olho do tempo* no *olho da eternidade*, e, por meio dessa união, descerás, através da Luz de Deus, à luz da natureza".

11. DISCÍPULO: "Portanto, basta entrar e habitar a Vontade de meu Senhor e estarei salvo. Poderei, então, alcançar a Luz de Deus no espírito de minha alma, e, com o *Olho de Deus* – a união do olho do tempo e do olho da eternidade –, a partir do fundamento eterno de minha vontade, conseguirei ver e usufruir da luz deste mundo, não apenas sem degradá-la, mas adornando-a. Contemplarei com o olho da eternidade as coisas eternas, e com o olho da natureza as maravilhas de Deus, sustentando, com este [o olho da natureza], a vida do meu veículo ou corpo exterior"

MESTRE: "O que disseste está correto. Compreendeste bem! Se entrares e permaneceres na Vontade de Deus, isto é, no plano suprasensível da Luz e da Vida, poderás contemplar com a Sua Luz tanto a eternidade como o tempo, e todas as maravilhas da natureza temporal criadas por Deus, regozijando-te nelas para a glória de Cristo. A divisão de tua vontade, própria da criatura, terá sido superada, e a visão de teu espírito, através do olho de Deus, que se manifestará no centro de tua vida, terá sido simplificada. Que assim seja, pois esta é a Vontade de Deus".

12. DISCÍPULO: "Porém, não é fácil olhar sempre adiante, em direção à eternidade, nem obter o *olho único* e a simplicidade da Visão divina. A entrada de uma alma nua na Vontade de Deus, fechando-se a todas as imaginações e desejos, derrubando a forte divisão que mencionas, é algo terrível e traumático para a natureza humana em seu presente estado. O que hei de fazer, então, para alcançar este meu anseio?"

MESTRE: "Filho meu, que o olho da natureza e as maravilhas exteriores não te apartem desse olho único que está centrado na liberdade divina e na Luz eterna da santa Majestade; ao contrário, que essas maravilhas criadas e manifestadas na natureza visível venham a ti para unirem-se a esse olho interior e celeste. Pois, enquanto estiveres no mundo, por ordem da Providência, estarás obrigado a nele trabalhar honestamente com o melhor de tuas capacidades e a terminar o labor que te foi encomendado, sem a mínima queixa, buscando manifestar as maravilhas da natureza e da arte para a glória de Deus. A Natureza é obra e arte de Deus; e também a arte, o que quer que seja, antes de um artifício do homem, é obra de Deus. Pois tudo, tanto na arte como na natureza, serve para manifestar as maravilhosas obras de Deus, para que Ele seja por tudo e em tudo glorificado. Sim, tudo O serve, se souberes o modo correto de usá-lo. Recolhe-te mais ao interior e conduz teu espírito para a majestosa Luz, na qual os padrões e formas originais das coisas visíveis haverão de ser vistos. Mantém-te no centro e não te apartes da presença de Deus revelada em tua alma. Não permitas que o mundo e o diabo façam um ruído grande o bastante para trazer-te para fora de ti. Não lhes dê importância, eles não podem causar-te dano. É permitido ao olho de tua razão buscar alimento para o corpo terrestre; mas esse olho não deve impregnar com seu desejo o alimento preparado, pois isto seria avareza. Deves apenas trazê-lo perante o olho de Deus em teu espírito, procurando colocá-lo muito perto desse olho e sem permitir que este se desvie.[4] Grava bem esta lição.

"Que tuas mãos e tua cabeça estejam trabalhando, mas que teu coração repouse em Deus. Deus é Espírito. Habita o Espírito!, trabalha no Espírito!, ora no Espírito!, faz tudo no Espírito!; pois deves recordar que também és espírito, criado à imagem de Deus. Portanto, cuida que teu desejo não atraia matéria para ti, mas subtrai-te ao máximo a todo tipo de matéria; e assim, encontrando-te no centro, apresenta-te ante Deus com simplicidade

---

4. Este é o motivo e o fundamento da oração antes das refeições: dirigir o olho direito da alma – o olho da eternidade – para Deus.

e pureza, como um espírito nu, cuidando que teu espírito não atraia senão espírito.

"Contudo, serás tentado a atrair matéria e a reunir o que o mundo chama de substância, para ter algo visível a que te apegar. Mas não cedas de modo algum ao tentador, nem te rendas aos caprichos de tua carne em prejuízo de teu espírito. Pois, se o fizeres, infalivelmente obscurecerás a Luz divina que há em ti: teu espírito se infectará com a obscura raiz da avareza e, devido a ígnea dor de tua alma, brilhará com orgulho e cólera; tua vontade estará encadeada à angústia e à terrenidade, às trevas e ao materialismo, e nunca serás capaz de alcançar a liberdade e a paz, nem de estar perante a Majestade de Deus. Não abras a porta para aquele que reina na corrupção da matéria. Como nada pode vexá-lo mais que a silenciosa abstração da alma e sua introversão ao ponto de descanso em relação a todo o mundano e circunferencial, certamente o diabo uivará para ti por isso. Mas não lhe dês atenção, nem admitas em ti a mínima partícula de pó dessa matéria que ele venha a oferecer-te. Tudo se converteria em trevas para ti, trevas proporcionais à quantidade de matéria que atraísses para ti pelo desejo de tua vontade; fecharias o olho que vê, e a Majestade de Deus se obscureceria para ti, ocultando a Luz de Sua adorável Face. É isto que a serpente anseia fazer, mas em vão, a menos que, diante de sua sugestão, te permitas receber a sedutora matéria. Sem isso, ela não poderá entrar em ti. Se desejas, pois, ver a Luz de Deus em tua alma e ser divinamente iluminado e conduzido, eis o breve caminho que deves tomar: não permitas que o olho de teu espírito entre na matéria, nem se preencha de coisa alguma, no céu ou na terra; mas, por uma fé nua, entre na Luz da Majestade e, por um amor puro, atraia e receba a Luz e o Poder de Deus, de modo que possas crescer em Deus e chegar à plena maturidade da humanidade de Cristo".

13. Discípulo: "Como disse antes, e repito agora, isso é dificílimo. Na verdade, percebo que para admitir o Espírito de Deus em seu interior, meu espírito deveria libertar-se do contágio da matéria e esvaziar-se por completo; pois o Espírito de Deus só habita a vontade quando, resignando-se à nudez da fé e à pureza

do amor, esta entra no Nada e alimenta-se da Palavra de Deus, e, por meio dessa Palavra, é revestida pela substancialidade divina. Mas, ai!, quão difícil para a vontade é sumir-se no Nada, nada atrair, nada imaginar!"

Mestre: "Assim é! Mas, porventura, não vale mais a pena que qualquer outra coisa que possas fazer?"

14. Discípulo: "Devo confessar que sim".

Mestre: "Mas talvez não seja tão difícil quanto pareça à primeira vista. Empreende a tentativa com sinceridade. Nada mais é requerido de ti, senão que estejas em calma e vejas a salvação de teu Deus. Onde está a dificuldade? De nada tens de cuidar. Nada tens de desejar para tua vida. Nada tens de imaginar ou atrair. Tens apenas de colocar teus cuidados em Deus, que cuida de ti, e permitir que Ele disponha de ti como bem quiser, como se não tivesses vontade própria. Pois Ele sabe o que é o melhor para ti. Basta que confies em Deus, e Ele certamente fará o que for melhor para ti; melhor que se te remetesses à tua própria escolha".

15. Discípulo: "Creio nisso".

Mestre: "Se crês, vê e age de acordo. Conforme demonstrei, tudo reside na vontade. Quando imagina algo, a vontade entra nisso, e isso de imediato a absorve e obscurece; assim, desprovida de luz, ela tem de permenecer nas trevas, a menos que retorne desse algo para o Nada. Quando a Vontade imagina ou deseja o Nada, entra no Nada, onde recebe a Vontade de Deus em seu interior, e assim habita a Luz e nela executa todas as sua obras".

16. Discípulo: "Agora entendo que a principal causa da cegueira espiritual, de quem quer que seja, é permitir que sua vontade entre em algo exterior ou em sua própria obra, de natureza boa ou má, e estabeleça seu coração e seus afetos sobre a obra de suas próprias mãos ou de sua própria mente. Compreendo que, quando o corpo terrestre perece, a alma fica aprisionada nessa coisa que recebeu e na qual permitiu-se entrar. Então, na morte, quando já não habitar na luz deste mundo, se a Luz de Deus não estiver no interior da alma, ela só poderá estar numa prisão escura".

MESTRE: "Esta é a preciosíssima *Porta do Conhecimento*, e estou muito contente de que a tenhas vislumbrado. A compreensão das escrituras interiores e de tudo o que foi escrito desde o início do mundo está nela contida. Quem quer que, tendo introduzido sua vontade no Nada, tiver ali encontrado todas as coisas, alcançará essa porta e encontrará Deus – por quem, de quem e em quem todas as coisas são. Com isso, chegarás a ver e ouvir Deus. E, quando esta vida terrestre tiver acabado, verás, com o olho da eternidade, todas as maravilhas de Deus e da Natureza; verás, de maneira especial, as obras que tiveres executado quando estavas na carne, isto é, verás as coisas que o Espírito de Deus pediu que fizesses a ti e a teu próximo, e todas as coisas que o olho da razão, iluminado desde o alto, te tenha revelado. Não demores, pois, a entrar por esta porta. Se a vires com o espírito – como a viram algumas almas altamente favorecidas –, verás, no plano suprasensível, tudo o que Deus é e pode fazer. Verás também – como disse um dos que entraram por ela –, através dos céus, dos infernos e da terra, a Essência de todas as essências.

"Quem quer que a encontre, encontrou tudo o que pode desejar. Ali o poder e a virtude de Deus estão dispostos; ali estão a altura e a profundidade; ali se manifestam Sua largura e comprimento, até onde a capacidade de tua alma puder contê-las. Chegarás, assim, ao plano a partir do qual todas as coisas têm origem e subsistem, e nele reinarás sobre todas as obras de Deus, como príncipe de Deus".

17. Discípulo: "Querido mestre, onde isso reside no homem?"
Mestre: "Onde o homem não habita, isso encontra seu lugar no homem".

18. Discípulo: "Onde se encontra, no homem, esse lugar que ele mesmo não habita?"
Mestre: "No plano da alma ao qual nada adere".

19. Discípulo: "Onde se localiza, na alma, o plano ao qual nada adere?"
Mestre: "No centro de repouso e movimento da vontade resignada de um espírito verdadeiramente contrito, que está

crucificado perante o mundo. Este centro da Vontade é, então, impenetrável ao mundo, ao diabo e ao inferno; nada há no mundo que nele possa entrar, nem aderir, por maior que seja o número de demônios que se levantem contra ele. Pois a vontade morreu, com Cristo, para o mundo, mas foi ressuscitada por ele em seu centro, segundo sua bendita imagem. Eis o lugar que o homem não habita e nenhum ser pode habitar".

20. DISCÍPULO: "Mas, onde se localiza esse plano da alma, vazio de todo ser? Como chegarei ao centro oculto onde habita não o homem, mas Deus? Dize-me claramente, amado senhor, onde se localiza e como hei de encontrá-lo e entrar nele?"

MESTRE: "Ali onde a alma morreu para sua própria vontade, e não deseja senão o que Deus quer. À medida que o Espírito de Deus mover-se na alma, ele aparecerá. Quando o amor egoísta é varrido, o amor de Deus ocupa a morada. Quanto mais a vontade própria da alma morre para si mesma, mais lugar a Vontade de Deus, que é o Seu amor, toma nessa alma. Pois no lugar em que antes estava sua vontade própria, agora nada há; e onde está o Nada, o amor de Deus trabalha sozinho".

21. DISCÍPULO:" Mas como poderei possuir esse amor?"

MESTRE: "Se tentares possuí-lo, escapará de ti. Mas se te submeteres completamente a ele, habitará em ti e tomar-se-á a Vida de tua vida, e será natural para ti".

22. DISCÍPULO: "Como isso pode ocorrer sem a morte e sem a destruição completa de minha vontade?"

MESTRE: "Com a completa rendição e entrega de tua vontade, o amor de Deus em ti torna-se a Vida de tua natureza. Não te mata, mas te vivifica. Pois é agora, quando estás em tua vontade própria, que estás morto para ti mesmo e para a Vida de Deus. Somente então viverás, embora não conforme a tua vontade própria: viverás a Sua vontade, pois, na seqüência, tua vontade se converterá na Sua Vontade.

"Assim, já não é tua vontade, mas a Vontade de Deus; já não é o amor de ti mesmo, mas o amor de Deus, que se move e age em ti. Portanto, estando nele, estás como morto para ti mesmo, mas vivo para Deus. Assim, estando morto, vives, ou melhor, por meio de Seu Espírito, Deus vive em ti e Seu amor torna-se para ti como uma Vida que surge da morte. Com toda a tua busca, nunca poderias possui-lo; porém, ele te possui. É assim que o Tesouro de todos os tesouros é encontrado".

23. DISCÍPULO: "Como tão poucas almas O encontram, quando tantas gostariam de tê-Lo?

MESTRE:" Todas O buscam em algo, e é por isso que não O encontram. Pois quando há algo ao qual a alma possa aderir, só encontra isso e repousará nisso; até que perceba que tem de estar no Nada, e saia do algo para ir ao Nada, a partir do qual todas as coisas foram feitas. Ali a alma diz: 'Nada tenho. Estou completamente nua e desprovida de tudo. Nada posso fazer, pois não tenho poder algum: sou como água vertida. Nada sou, pois tudo o que sou não passa de uma imagem de ser, e só Deus é para mim *EU SOU*. E assim, assentada em meu nada, dou glória ao Ser eterno, nada desejando para mim, para que Deus possa ser tudo em mim, sendo meu Deus e todas as coisas.' Por isso tão poucos encontram esse tesouro tão precioso da alma, embora tantos desejem tê-lo. E poderiam tê-lo, não fosse por esse algo que os estorva a todos".

24. DISCÍPULO: "Mas se o amor se manifestasse à alma, tal alma não poderia encontrá-lo e permanecer nele sem ter de buscá-lo no Nada?

MESTRE: "Em verdade, não. Os homens buscam e não o encontram, pois não o buscam na nudez em que ele está, mas no algo em que ele não está, e nunca poderá estar. Buscam-no em sua vontade própria, e não o encontram. Buscam-no em seu próprio desejo, e não o encontram. Buscam-no numa imagem, numa opinião, num afeto, numa devoção ou num fervor naturais; mas, ao tentar caçar uma sombra, perdem a substância. Buscam--no em algo sensível ou imaginário; em algo pelo qual possam ter uma inclinação natural, ou ao qual possam aderir. Por isso, perdem o que buscam, por não se lançarem ao plano suprasensível e sobrenatural onde o tesouro está oculto. Ainda que o amor se manifestasse graciosamente a tais pessoas, apresentando inclusive a sua evidência perante o olho de tais almas, não encontraria lugar algum nelas, nem poderia ser retido por elas, nem permanecer com elas".

25. DISCÍPULO: "Por que não? E se o amor desejasse fazê-lo, e estivesse disposto a oferecer-se a elas e a com elas permanecer?"

MESTRE: "Porque a fantasia da vontade própria ocupou o lugar do Amor. Assim, essa fantasia deteria o amor, mas o amor fugiria, pois a fantasia é sua prisão. O amor pode oferecer-se, mas não habitar onde a vontade própria imagina. A vontade que nada atrai e à qual nada adere é a única capaz de recebê-lo; pois, como já disse, o amor só habita o Nada; portanto, elas não o encontram.

26. DISCÍPULO: "Se ele habita somente o Nada, qual sua missão no Nada?"

MESTRE: "A missão do amor é penetrar algo e, quando encontra quietude e repouso, tomar posse desse lugar e nele regozijar-se com seu Fogo, que é mais ardente que o Sol no mundo visível. Sua missão é, portanto, acender incessantemente o Fogo nesse algo, inflamá-lo e consumir-se com ele, aumentando progressivamente, até sete vezes mais, o calor do Fogo do Amor".

27 DISCÍPULO: "Ó amado mestre! Como poderei entender isso?"

MESTRE: "Se, ao menos uma vez, o Fogo do Amor acender-se em ti, sentirás seu ardor consumir rapidamente toda tua egoidade – aquilo que chamas *eu* e *meu*, que são uma raiz separada da Divindade, Fonte de teu ser –, e arderás em tal regozijo em seu Fogo que não desejarás, por nada neste mundo, estar fora dele. Sim!, preferirás a morte a retornar a teu algo. Então esse Fogo se tornará cada vez mais quente, até cumprir perfeitamente sua missão com respeito a ti, e portanto não arrefecerá até alcançar o sétimo grau. Quando chegar a esse ponto, sua chama será tão grande que nunca te abandonará. Mesmo que te custe a vida temporal, ele te acompanhará na morte com seu doce calor; e se tivesses de ir ao inferno, ele destruiria o inferno por ti. Estejas certo disso, pois o amor é mais forte que a morte e o inferno".

28. DISCÍPULO: "Ó mestre!, não posso mais suportar o que me mantém no desgarramento e no erro. Qual o caminho mais curto para encontrar esse amor?

MESTRE: "Toma o caminho mais duro. O que quer que o mundo deprecie, toma para ti. O que quer que o mundo faça, não o faças tu. Faz, em tudo, o contrário do mundo. Esse é o caminho mais curto para chegar ao amor de Deus".

29. DISCÍPULO: "Se, em tudo, tenho de caminhar na direção contrária à todo o mundo, por certo me encontrarei num estado muito intraqüilo e triste, e o mundo me tomará por louco".

MESTRE: "Não te digo, filho meu, que deves fazer mal a quem quer que seja. Não é isto que quero dizer quando te aconselho a fazer o contrário de todo o mundo. Mas é que o mundo só ama o engano e a vaidade, e anda por caminhos falsos. Portanto, se tua inclinação é agir sempre de uma forma limpa, tens de andar apenas pelo caminho correto, o caminho da Luz, que é contrário aos caminhos do mundo, pois o do mundo é propriamente o caminho das Trevas.

"Porém, se tens medo de, com isso, suscitar problemas e inquietudes, sabe que, segundo a carne, isso de fato ocorrerá. No mundo, certamente terás problemas, e tua carne muitas vezes te intranqüilizará. Porém, isso te dará oportunidade para um contínuo arrependimento; além disso, em tal angústia da alma, que provém do mundo da carne, o Amor se inflamará, e seu Fogo conquistador resplandecerá com mais força ainda para destruir tal mal. Também dizes que com isso o mundo te tomará por louco. É certo que o mundo te tomará por louco por caminhar em sentido contrário a ele, e não deves surpreender-te se os filhos do mundo rirem de ti e te chamarem de néscio ou louco. Pois o caminho que conduz ao amor de Deus é loucura para o mundo, mas sabedoria para os filhos de Deus. Por isso, quando o mundo percebe esse santo fogo de amor arder nos filhos de Deus, conclui prontamente que enlouqueceram; mas para os filhos de Deus, esse ardente Fogo de Amor de Deus é seu maior tesouro, um tesouro tão grande que vida alguma pode expressar o que é, nem língua alguma pode nomeá-lo. Ele é mais brilhante que o Sol, mais doce que qualquer doçura, mais forte que toda fortaleza, mais nutritivo que qualquer alimento, mais inebriante ao coração que o vinho, mais prazeroso que todo o gozo e todos os prazeres deste mundo. Quem quer que o obtenha é mais rico que qualquer rei da terra, mais nobre que qualquer imperador e mais forte que todo poder e autoridade.

Sobre o Céu e o Inferno

(1622)

DIÁLOGO ENTRE UM ESTUDANTE E SEU MESTRE

E TAMBÉM SOBRE A DESTRUIÇÃO DO MUNDO; SOBRE O CORPO DO HOMEM NA RESSURREIÇÃO E DEPOIS DELA; SOBRE O JUÍZO FINAL; ONDE ESTÃO O CÉU E O INFERNO, E ONDE SE DÁ A LUTA NA CRIATURA.

1. O discípulo perguntou a seu mestre: "Para onde vai a alma quando o corpo morre?
O mestre respondeu: "Não há necessidade de ir a parte alguma".

2. DISCÍPULO: "Mas, com a morte, não deve a alma abandonar o corpo e ir para o céu ou o inferno?"
MESTRE: "Não há por quê ir a parte alguma. A alma tem o céu e o inferno dentro de si; ela apenas se separa da vida exterior e mortal e do corpo. É como está escrito: *O reino dos céus não vem com aparência visível; nem se dirá ei-lo aqui ou ali, porque o reino de Deus está dentro de vós* [Luc.17:20,21]. Assim, a alma se estabelecerá no que quer que se manifeste em ti, seja o céu ou o inferno".

3. DISCÍPULO: "Isso é muito difícil de entender. Porventura a alma não entra no céu ou no inferno do mesmo modo que se entra numa casa, ou num lugar desconhecido, através de uma porta ou janela? Ela não entra em outro mundo?"
MESTRE: "Não! Na verdade não ocorre tal entrada, porque o céu e o inferno estão em toda parte, coexistindo universalmente".

4. DISCÍPULO: "Como é possível? O céu e o inferno podem estar presentes aqui onde estamos? E se um deles pudesse estar presente, queres me fazer crer que ambos poderiam estar aqui juntos?

MESTRE: "Eu disse que o céu está em toda parte, e é verdade, pois Deus está no céu e em toda parte; assim, o céu está em toda parte. Eu disse, igualmente, que o inferno está em toda parte, e isto também é verdade, pois o maligno, o diabo, está no inferno e, como nos ensinou o apóstolo, [1 João 5:19] o mundo inteiro reside no maligno. Portanto, não só o diabo está no mundo, como também o mundo está no diabo e no inferno. Assim, o céu e o inferno estão em toda parte".

5. DISCÍPULO: "Peço que me ajudes a compreender isto".

MESTRE: "Entenda, pois, o que é o céu, e onde está: é somente a vontade dirigida ao Amor de Deus; onde quer que O encontres manifestando-Se no amor, aí encontrarás o céu, sem que para isso seja preciso dar um só passo. Entenda também o que é o inferno, e onde está: é somente a vontade dirigida à Cólera de Deus; onde quer que se manifeste, com maior ou menor intensidade, aí certamente encontrarás o inferno, em maior ou menor grau, em qualquer lugar que isso se dê. Assim, conforme a direção da vontade, para Seu amor ou Sua cólera, estarás no céu ou no inferno. Note bem, isto ocorre em nossa vida presente, e por isso São Paulo diz: *Nossa pátria está no céu* (Filip. 3:20); e também Cristo: *Minhas ovelhas ouvem minha voz, eu as conheço, e elas me seguem; a elas dou a vida eterna; e ninguém as arrebatará de minha mão* (João 10:27,28).

Observa que não foi dito *darei* a elas, isto é, *depois* que a vida terminar, e sim *dou* a elas, ou seja: *agora*, no tempo desta vida. A dádiva de Cristo a seus seguidores é uma eternidade de vida, e isso certamente só pode dar-se no céu. Observa também que, se Cristo está no céu, e aqueles que o seguem na regeneração estão em sua mão, então encontram-se onde ele está, e portanto não podem estar fora do céu. E mais, ninguém será capaz de arrancá--los do céu, pois é Cristo que os retém, e eles estão em sua mão, e a ele ninguém pode resistir. Conseqüentemente, tudo consiste em dirigir a vontade ao céu, ou fazê-la entrar no céu, ouvindo a voz de Cristo, conhecendo-o e seguindo-o. E do mesmo modo o contrário. Compreendes isto?"

6. DISCÍPULO: "Em parte. Porém de que modo se dá essa entrada da vontade no céu?"

MESTRE: "Responderei a esta pergunta, mas deves estar muito atento ao que te direi. Saiba que quando o fundamento da vontade se entrega a Deus, abandona seu próprio eu, sai para fora e além de todo fundamento e lugar que possa ser imaginado, e cai numa profundeza desconhecida, na qual apenas Deus é manifesto, age e tem vontade. Então a alma torna-se, quanto a ação e a vontade, um nada para si mesma, e desse modo é Deus quem age e quer nela, pois habita a resignada vontade da alma; com isso, ela é santificada e está pronta para entrar no repouso divino. Neste caso, quando o corpo perece, a alma é totalmente penetrada pelo amor divino, perde sua obscuridade e torna-se brilhante e reluzente. Esta é a mão de Cristo, pela qual o amor de Deus habita plenamente a alma como uma Luz brilhante e uma vida nova e gloriosa. Então a alma está no céu, é um templo do Espírito Santo, sendo ela própria o céu de Deus, onde Ele habita. Recorda-o bem: essa é a entrada da vontade no céu, e é assim que ocorre".

7. DISCÍPULO: "Ó senhor!, tem a bondade de prosseguir; permita-me saber o que ocorre do outro lado".

MESTRE: "A alma boa, como vês, está divinizada, encontra-se na mão de Cristo, no céu, como ele mesmo nos contou. Ouviste de que modo isso ocorre. Porém, a alma má não tem, durante esta vida, o desejo de chegar à divina resignação da vontade, nem de entrar na Vontade de Deus, persistindo em sua própria cobiça e desejo, na vaidade e falsidade, e, assim, entra na vontade do diabo. Recebe apenas a malícia, o engano, o orgulho, a sordidez, a inveja, a cólera, entregando sua vontade e todo seu desejo a esses impulsos. Essa é a vaidade da vontade, e essa vaidade – sombra vã – manifestar-se-á na alma que se entregou a ela como sua serva, e agirá na alma – como o amor de Deus na vontade regenerada – penetrando-a completamente, como o fogo com o ferro.

"Não é possível a esta alma chegar ao repouso divino, pois a cólera de Deus manifesta-se e age nela. Quando o corpo é separado da alma, a melancolia e o desespero eternos têm início, pois ela vê que se converteu totalmente em vaidade, numa vaidade sumamente humilhante para si mesma, numa fúria transtornante e numa abominação auto-supliciante. Ela, agora, vê o engano de tudo o que antes desejara. Sente-se cega, nua, ferida, faminta e sedenta, sem a menor perspectiva de um dia libertar-se, de obter sequer uma gota da água da vida eterna. Sente que é um diabo para si mesma, seu próprio executor e torturador. Aterroriza-se ante sua própria forma escura e horrenda, configurando-se num verme disforme e monstruoso. Se pudesse, fugiria de si mesma, mas não pode fazê-lo, pois está presa pelas correntes da Natureza tenebrosa, na qual se lançou quando estava na carne. Assim, não tendo aprendido nem se habituado a lançar-se na graça divina e estando fortemente possuída pela idéia de um Deus irado e ciumento, a pobre alma tem medo e vergonha de introduzir sua vontade em Deus, com o que possivelmente conseguiria a libertação. Confundida por sua própria nudez e monstruosidade, a alma tem medo d'Ele e busca inutilmente ocultar-se de Sua Majestade e esconder sua forma abominável do santíssimo olho de Deus, mergulhando ainda mais profundamente na escuridão. Com isso, não entra na Vontade de Deus, e não poderia entrar no Amor, devido à vontade que nela reinou, pois está cativa da cólera, sendo somente cólera, na qual se encerrou pelo falso desejo que despertou em si mesma, transformando-se assim na natureza e propriedade da cólera.

"Uma vez que a Luz de Deus não brilha nessa alma, nem o amor de Deus a impele, ela é como uma grande treva, como uma ansiosa dor ígnea, transportando o inferno dentro de si, incapaz de discernir o mínimo vislumbre da Luz de Deus, ou sentir a mínima centelha de Seu amor. Portanto, habita a si mesma como inferno, e não necessita entrar ou ser levada ao inferno, pois enquanto estiver em si mesma, onde quer que esteja, estará no inferno. Mesmo que, para sair do inferno, viaje para longe e afaste-se muitas centenas de milhares de léguas de seu lugar atual, permanecerá na dor e nas trevas infernais".

8. Discípulo: "Mas, se é assim, como é possível que, durante o tempo desta vida, uma alma santa não perceba perfeitamente a Luz

e o gozo celestes e uma alma ímpia não sinta o inferno, se ambos estão e agem nelas? Por que céu e inferno não são percebidos e sentidos nesta vida como o são na seguinte, se ambos estão no homem e, como demonstraste, um deles sempre age no homem?" MESTRE: "O reino dos céus opera e manifesta-se nos santos pela fé. Aqueles que carregam Deus dentro de si e vivem de acordo com Seu Espírito encontram o reino de Deus em sua fé. Sua vontade, entregando-se a Deus por essa fé, torna-se divina. Em suma, dentro deles, uma ação operada pela fé lhes dá a evidência dos invisíveis eternos e propicia uma grande manifestação desse reino divino que está dentro deles. Todavia, sua vida natural está circundada de carne e sangue e, assim, vivem num grande conflito; pois, devido à Queda, estando fortemente ligados ao Princípio da Cólera de Deus e rodeados pelo mundo – que não pode de modo algum reconciliar-se com a fé –, estas almas leais encontram-se totalmente expostas aos ataques deste mundo pelo qual viajam. Não podem ser insensíveis ao fato de estarem rodeadas de carne e sangue e das vãs cobiças deste mundo, que penetram continuamente a vida exterior e mortal, tentando-as de muitas maneiras, como fizeram com Cristo. De um lado, o mundo e, do outro, o diabo – com a maldição da cólera de Deus habitando a carne e o sangue –, penetram e esquadrinham a vida. Devido a isso, muitas vezes, a alma cai em angústia. Quando o mundo e o diabo lançam-se juntos sobre ela, e o inferno assalta a vida, desejando manifestar-se na alma, esta deve apegar-se à esperança da Graça de Deus, e manter-se como uma bela rosa em meio aos espinhos, até a morte do corpo, quando o reino deste mundo se afastará dela. Só então a alma se manifestará inteiramente no amor de Deus e em Seu reino, o Reino do Amor, não havendo mais nada que a detenha. Porém, durante esta vida, ela deve caminhar neste mundo com Cristo, que, penetrando-a com seu amor, liberta-a de seu próprio inferno, e permanecendo com ela em seu inferno, muda-o em céu.

"Quanto a outra parte da tua pergunta – por que os ímpios não sentem o inferno nesta vida? – Eis a resposta: Eles o carregam consigo em suas consciências pervertidas; porém não o sabem, pois o mundo lhes tirou os olhos e seu cálice de morte os lançou no sono, no mais fatal dos sonos. Não obstante, é preciso dizer que os maus freqüentemente sentem o inferno dentro de si durante o tempo desta vida mortal, embora possam não se dar conta devido à vaidade terrena que adere a eles desde o exterior e aos prazeres e entretenimentos sensíveis com que estão intoxicados. Além do mais, tais pessoas ainda têm a luz da natureza exterior, que governa a vida mortal, e, enquanto essa luz governar, a dor do inferno não pode revelar-se plenamente. Porém, quando o corpo morre, a alma já não pode seguir gozando os prazeres e deleites temporais, nem a luz deste mundo exterior, que se extingue inteiramente para ela. Então, a alma sente uma fome e uma sede eternas das vaidades das quais esteve aqui enamorada, mas nada pode alcançar senão a falsa vontade que imprimiu em si mesma enquanto esteve no corpo. Como sua vontade estava totalmente nesta vida, depois da separação causada pela morte, surge nela uma sede perpétua daquilo que nunca mais poderá obter, lançando-a numa perpétua e ansiosa cobiça pela vaidade, segundo sua impressão anterior, e numa contínua e furiosa fome das perversões e concupiscências em que esteve imersa quando se encontrava na carne. De bom grado, continuaria a fazer o mal; porém, ao não ter onde nem com o que fazê-lo, dirige-o apenas a si mesma. Toda a ação é agora interior, como se fosse exterior. Assim, a alma ímpia é atormentada pelas fúrias que estão em sua própria mente, que ela mesma engendrou, pois converteu-se em seu próprio diabo e torturador. Quando a sombra deste mundo passa, aquilo em que a alma pecou ainda permanece com ela e converte-se em sua prisão e seu inferno. Todavia, enquanto ela não se separa do corpo, que lhe permite obter aquilo que ela cobiça e a faz perseguir todas as suas concupiscências, essa fome e sede infernais não podem manifestar-se plenamente na alma".

9. Discípulo: "Percebo que a alma, tendo-se comportado com toda voluptuosidade e servido às concupiscências do corpo durante esta vida, ainda tem as mesmas inclinações e afetos que antes, mas já não tem a oportunidade nem a capacidade de seguir satisfazendo-as, e, com isso, o inferno, que permanecia fechado

devido à vida exterior do corpo e à luz deste mundo, abre-se nesta alma. Entendo corretamente?"

MESTRE: "Sim! Continua".

10. DISCÍPULO: "Por outro lado, percebo claramente, pelo que ouvi, que o céu só pode estar numa alma amante e possuída por Deus, que submeteu o corpo à obediência do espírito em todas as coisas e lançou-se perfeitamente na Vontade e no Amor de Deus. Quando o corpo morrer e uma tal alma for, com isso, redimida da terra, fica evidente para mim que a vida de Deus, que estava oculta nesta alma, se manifestará gloriosamente, e o céu se revelará. Todavia, se não existir também um céu localizado, não saberei onde colocar uma parte da criação. Onde, pois, residirão os *seres intelectuais*?"[5]

MESTRE: "Em seu próprio Princípio [Reino], seja o da Luz ou o das Trevas, pois todo ser intelectual criado permanece em suas ações e em suas essências, em suas maravilhas e peculiaridades, em sua vida e imagem, e ali contempla e sente Deus, que está em toda parte, seja no amor, seja na cólera.

"Se estiver no amor de Deus, contemplará e sentirá Deus no amor. Porém, se tiver aprisionado a si mesmo na cólera de Deus, só poderá contemplar Deus na Natureza colérica, só poderá percebê-Lo como um espírito irado e vingativo. E se está no amor de Deus, todos os lugares são iguais para ele; se não está nesse amor, todo lugar é um inferno para ele. Que lugar poderia prender um pensamento? Que necessidade tem um ser intelectual de estabelecer um lugar determinado para sua felicidade ou miséria? Na verdade, onde quer que esteja, estará no mundo abissal, onde não há fim nem limite. Para onde poderia ir? Ainda que se afastasse mil milhas, ou mil vezes dez mil milhas, e dez mil vezes isto, indo para além dos limites do universo, aos espaços imaginários para além das estrelas, ainda estaria no mesmo ponto de partida. Pois Deus é o *lugar* do espírito, se é lícito atribuir-Lhe um nome com o qual o corpo tenha relação, pois n'Ele não há limite algum: longe

---

5. Bœhme emprega o termo "seres intelectuais" para designar tanto a categoria dos anjos como a dos homens.

ou perto são uma coisa só. Seja em Seu amor ou em Sua cólera, a vontade mais profunda e íntima do ser intelectual está totalmente inconfinada: é veloz como o pensamento; passa através de todas as coisas; é mágica, e as coisas corporais ou exteriores não podem impor-lhe obstáculo; habita suas próprias maravilhas, e estas são seu lugar. Assim é com todo ser intelectual, seja da ordem dos anjos ou das almas humanas. Não tema, pois, por muitos que sejam, haverá lugar para todos, o lugar mais apropriado para cada um, de acordo com sua elevação ou determinação, devidamente chamado 'seu lugar *(locus)* próprio' ".

11. DISCÍPULO: "Agora recordo que está escrito que, ao morrer, o grande traidor [Judas] foi para seu lugar próprio [o inferno, Atos 1:25].

MESTRE: "O mesmo ocorre com toda alma, quando parte desta vida mortal. Seja anjo ou espírito, todos os seres intelectuais têm seu lugar próprio, necessariamente determinado pela sua própria escolha. Assim como Deus está em toda parte, Seus anjos também estão em toda parte, porém cada um em seu próprio Princípio e em sua própria peculiaridade, ou, se preferires, em seu lugar próprio. A essência de Deus – o *locus* para os seres intelectuais – está em toda parte; mas a participação nela é diferente para cada um, de acordo com o que tenha atraído magicamente no desejo de sua vontade. A mesma essência divina que está em cima, com os anjos de Deus, também está embaixo conosco, mas em diferentes modos e diferentes graus de comunicação e participação.

"O que foi dito aqui da essência divina, pode ser transposto ao modo de participação dos seres intelectuais na essência diabólica – que é o poder das Trevas –, quanto aos múltiplos modos, graus e participações na vontade falsa. Neste mundo há uma luta entre as essências, mas quando este mundo alcançou o limite em alguém, então cada Princípio [ou Mundo] toma o que é seu, e, de acordo com isso, a alma recebe companheiros que lhe são semelhantes, anjos ou demônios".

12. DISCÍPULO: "Visto que, durante o tempo desta vida, o céu e o inferno estão em combate dentro de nós e Deus está tão perto de nós, onde os anjos e os demônios podem habitar?"

MESTRE: "Ali onde não habitas com tua egoidade e com tua vontade própria, os santos anjos habitam contigo e a teu redor. Recorda bem isto! Por outro lado, ali onde habitas com tua egoidade e tua vontade própria, certamente os demônios estarão contigo e estabelecerão em ti sua morada, habitando em ti e a teu redor. Que Deus, em Sua misericórdia, o impeça".

13. DISCÍPULO: "Não o entendo tão bem como gostaria. Aclara--o um pouco mais para mim".

MESTRE: "Onde quer que a Vontade de Deus queira, Ele manifesta-Se, e nessa manifestação habitam os anjos. Porém, quando, na vontade própria da criatura, a Vontade de Deus não quer, então Ele não Se manifesta, nem pode fazê-lo, mas permanece em Si mesmo, sem a cooperação da criatura e sem que ela Lhe esteja submetida com humildade. Nesse caso, para tal criatura, Ele é imanifesto e, portanto, os anjos não a habitam; onde quer que habitem, lá estará a glória de Deus, pois eles fazem Sua glória. Então, se Deus não a habita, e os anjos também não, o que habita tal criatura? É evidente que a vontade própria de tal alma ou criatura está privada da Vontade de Deus; portanto, o diabo a habita e, com o diabo, tudo o que está apartado de Deus e de Cristo. Esta é a verdade. Guarda-a em teu coração".

14. DISCÍPULO: "É possível que eu pergunte várias coisas impertinentes. Peço-te, meu bom senhor, que tenhas paciência comigo e compaixão de minha ignorância, se pergunto algo que te pareça ridículo, ou cuja resposta eu não mereça. Pois ainda tenho várias perguntas a propor-te, embora tenha vergonha de meus próprios pensamentos a respeito dessa questão".

MESTRE: "Sê franco e expõe tudo o que há em tua mente. Não tenhas vergonha de parecer ridículo, pois perguntando só podes tornar-te mais sábio".

15. DISCÍPULO: "Pois bem. Quão distantes o céu e o inferno estão um do outro?"

MESTRE: "Tanto quanto o dia e a noite, ou tanto quanto alguma coisa e nada. Estão um no outro e, não obstante, mais distantes que tudo. Embora um seja como nada para o outro, causam alegria e pesar um ao outro. O céu está em toda parte do mundo, e também fora do mundo, em qualquer lugar que se possa imaginar. Preenche tudo, está dentro de tudo, fora de tudo, ao redor de tudo, sem divisão alguma, sem lugar algum; agindo através da manifestação divina e fluindo universalmente, porém sem sair minimamente de si mesmo. Pois, sendo uno e indivisível, o céu age e revela-se apenas em si mesmo e através da manifestação de Deus. No ser que o alcança e no qual o céu se manifesta, Deus também Se manifesta, pois o céu não é senão uma revelação do UM Eterno, onde toda ação e todo querer estão num amor tranqüilo.

"Do mesmo modo, o inferno também está em toda parte do mundo, e habita e age apenas em si mesmo e onde os fundamentos do inferno se manifestam: na egoidade e na vontade falsa. O mundo visível tem, em si, o céu e o inferno, e não há lugar algum em que não possam estar e revelar-se. Pois bem, o homem, quanto à sua vida temporal, pertence apenas ao mundo visível e, por isso, durante o tempo desta vida, não vê o mundo espiritual. Pois, em sua substância, o mundo exterior é um véu espesso para o mundo espiritual, como o corpo o é para a alma. Porém, quando o homem exterior morre, e a alma é despojada de seu véu, o mundo espiritual manifesta-se para ela na Luz eterna, com os santos anjos, ou nas Trevas eternas, com os demônios".

16. Discípulo: "O que são o anjo e o homem, para que possam manifestar-se tanto no amor de Deus como em Sua cólera, tanto na Luz como nas Trevas?"

Mestre: "Ambos têm a mesma origem. São como pequenos ramos da Sabedoria divina, da Vontade divina, que brotam da Palavra divina e convertem-se no objeto do Amor divino. Provêm do fundamento da eternidade, de onde surge a Luz e as Trevas: as Trevas, que consistem no auto-desejo e na vontade própria, e a Luz, que consiste na Vontade de Deus. Na conformidade da vontade própria com a Vontade divina está o céu, e, onde quer que esteja esta vontade unida a Deus, Sua Luz não deixará de manifestar-se. Porém, na auto-atração do desejo da alma, na afirmação da egoidade dentro da volição, a Vontade de Deus opera com dificuldade, e para tal espírito, angélico ou humano, não é senão trevas – ainda que a Luz possa manifestar-se a partir daí – e essas trevas são o inferno desse espírito. O céu e o inferno são apenas uma manifestação da Vontade divina, na Luz ou nas Trevas, segundo as propriedades do mundo espiritual".

O QUE É O CORPO DO HOMEM; E PORQUE A ALMA
É CAPAZ DE RECEBER O BEM E O MAL.

17. DISCÍPULO: "O que é, então, o corpo do homem?"
MESTRE: "É o mundo visível, uma imagem e uma quintessência, ou um composto de tudo o que este mundo é. O mundo visível é uma manifestação do mundo espiritual e interior, e provém da Luz e das Trevas eternas por uma compactação e uma conexão espirituais. É também uma imagem da eternidade, por meio da qual esta se fez visível, no qual a vontade própria e a vontade resignada – o mal e o bem – trabalham um com o outro.

"O homem exterior é tal substância [quintessência], pois Deus criou o homem a partir do mundo exterior e insuflou-lhe o mundo espiritual interior para que tivesse alma e vida inteligente. Por isso, nas coisas do mundo exterior, o homem pode fazer e receber o mal e o bem".

SOBRE O JUÍZO FINAL, SOBRE A DESTRUIÇÃO
DO MUNDO; SOBRE O CORPO DO HOMEM NA
RESSURREIÇÃO E DEPOIS DELA.

18. DISCÍPULO: "O que haverá depois deste mundo material, quando todas as coisas perecerem e chegarem a um fim?"
MESTRE: "Só a substância material cessará, isto é, os quatro elementos, o Sol, a Lua e as estrelas [v. 2 Pedro 3:10]. Então o mundo interior e espiritual será inteiramente visível e manifesto. Porém, toda obra, boa ou má, que no tempo deste mundo tiver sido forjada pela vontade ou pelo espírito do homem, será separada, de uma maneira espiritual, e destinada à Luz eterna ou às Trevas eternas; pois o que houver nascido de cada vontade revelará seu

princípio semelhante e retornará a ele. Então as Trevas serão chamadas inferno – o esquecimento eterno de todo o bem – e a Luz será chamada Reino de Deus, e será a Alegria e o Louvor eterno dos santos por terem sido libertados de tal tormento.

"O juízo final é um abrasamento tanto do Fogo do Amor quanto do Fogo da Cólera de Deus. Nesse Fogo, a matéria de toda substância terá fim, e cada um desses dois Fogos atrairá para si o que lhe é próprio, a substância semelhante à sua natureza. Assim, o Fogo do amor de Deus atrairá para si tudo o que é nascido do Amor de Deus, ou Princípio amoroso, e, entregando-se a essa substância, arderá segundo o amor. Mas o Fogo da cólera atrairá o que é forjado nas Trevas e na cólera de Deus, e consumirá a substância falsa; então, a vontade atormentada permanecerá apenas em sua própria natureza, imagem e figura".

19. Discípulo: "Com que matéria e forma o corpo humano ressuscitará?"

Mestre: "É semeado um corpo natural, grosseiro e elemental, que nesta vida temporal é como os elementos exteriores; contudo, nesse corpo grosseiro há um poder e uma virtude [força] sutil, que é semelhante ao Sol, una com o Sol, e que, no princípio dos tempos, brotou e originou-se do poder e da virtude divinos, de onde também procede toda a boa virtude do corpo. Essa boa virtude do corpo mortal retornará, para viver para sempre numa espécie de propriedade substancial transparente e cristalina, em carne e sangue espirituais [v. 1 Coríntios 15:35-44 e 50-54]; o mesmo ocorrerá com a boa virtude da terra, pois também a terra tornar-se-á cristalina, e a Luz divina brilhará em todos os seres, essências e substâncias. E assim como a terra grosseira perecerá para nunca retornar, a carne grosseira do homem também perecerá e nunca mais viverá. Mas é preciso que todas as coisas compareçam ao julgamento e nele sejam separadas pelo Fogo, inclusive a terra, e até mesmo a cinza do corpo do homem. Pois, quando Deus mover o mundo espiritual, todo espírito atrairá para si sua substância espiritual: os bons atrairão para si sua boa substância, e os maus, sua má substância. Contudo, devemos entender aqui por substância, esse poder e virtude material cuja essência é pura virtude, a *tintura*[6] substancial (que tem em si todas as figuras, cores e virtudes, sendo, ao mesmo tempo, transparente), na qual a natureza grosseira de todas as coisas perece".

20. DISCÍPULO: "Não ressuscitaremos com os nossos corpos visíveis e materiais? Não viveremos neles eternamente?"

MESTRE: "Quando o mundo visível perecer, tudo o que dele proveio, tudo o que é exterior, deverá perecer com ele. Do mundo, restará apenas a natureza cristalina e as formas celestes, e do homem, apenas a terra espiritual; então, o homem será exatamente semelhante ao mundo espiritual, que ainda está oculto".

21. DISCÍPULO: "Haverá marido e mulher, ou filhos e familiares na vida celeste? Haverá tais laços, como nesta vida?"

MESTRE: "Por que tua mentalidade é tão carnal? Não haverá nem esposo nem esposa, mas todos serão como os anjos de Deus, isto é, *virgens masculinas*. Não haverá filhos, filhas, irmãos ou irmãs, mas todos serão da mesma família, pois todos são *um* em Cristo, como uma árvore e seus ramos, embora sejam distintos como criaturas. Pois Deus é tudo em todos. Em verdade, haverá um conhecimento espiritual do que cada um foi e fez, mas nunca mais haverá posse ou desejo de possuir coisas terrenas, nem de desfrutar das relações carnais".

22. DISCÍPULO: "Todos terão essa glorificação e gozo eternos por igual?"

MESTRE: "As Escrituras dizem: *Como é o povo, assim é seu Deus*. E em outro lugar: *Com os puros és puro, e com os perversos és perverso* (Salm. 18:26). E ainda São Paulo: *Na ressurreição, um diferirá do outro em glória, como o Sol, a Lua e as estrelas* (1 Cor. 15:41-42).

Sabe, portanto, que todos os bem-aventurados desfrutarão da ação divina, interior e exteriormente; contudo, sua virtude, iluminação e glória serão muito diferenciadas, conforme as diversos graus de

---

6. Tintura é um termo mais propriamente alquímico. Para Bœhme, a tintura é, em seu fundamento, a atração para a Luz, o *spiraculum vitae*. Sua similitude material pode ser encontrada na seiva das árvores, que sobe da raiz às folhas, das trevas da terra para a luz do Sol.

poder e virtude com que se revestiram nesta vida; pois, no árduo trabalho da criatura, está a abertura e a gênese do poder divino, através do qual este poder movimenta-se e torna-se ativo. Pois bem, aqueles que, no tempo desta vida, forjaram-se em Cristo, e não na concupiscência da carne, terão grande poder e glorificação; outros, que esperaram e confiaram apenas numa satisfação imputada e exterior – aqueles que crêem que nada precisam fazer, pois acham que Jesus Cristo já fez tudo por eles, e que por isso serviram apenas ao deus de seus apetites [Mamom] e, somente no final, arrependeram-se disso e obtiveram a graça –, não alcançarão um grau de poder e iluminação tão elevados. Por isso, entre os bem-aventurados, haverá tantas e tão grandes diferenças de grau quanto entre o Sol, a Lua e as estrelas, ou entre as flores do campo em suas variedades de beleza, poder e virtude".

23. Discípulo: "Como e por quem o mundo será julgado?"

Mestre: "Por Jesus Cristo, a Palavra de Deus tornada Homem. Será o poder de Seu movimento que apartará de Si tudo o que não Lhe corresponde, e manifestará Seu reino no lugar e espaço em que agora se encontra este mundo. Pois o movimento de separação se dará, simultaneamente, em todo o universo material".

24. Discípulo: "Onde os diabos e os condenados serão lançados quando este mundo tornar-se o reino de Cristo e dos que serão glorificados? Serão lançados fora da região deste mundo? Ou Cristo manifestará seu domínio fora da esfera ou lugar deste mundo?"

Mestre: "O inferno continuará no lugar ou esfera deste mundo, em sua extensão, porém oculto para o reino dos céus, como a noite para o dia. A Luz brilhará para sempre nas Trevas, mas as Trevas não poderão compreendê-la ou alcançá-la [João 1:5]. A Luz é o reino de Cristo, e as Trevas são o inferno, onde os diabos e os perversos habitam. Estes padecerão sob o reino de Cristo e serão convertidos em apoio para seus pés, como objetos de opróbrio".

25. Discípulo: "De que modo todos os povos e nações serão levados a julgamento?"

MESTRE: "A Palavra eterna de Deus, da qual proveio a vida espiritual de toda criatura proveniente da eternidade, mover-se-á segundo o amor e a cólera, e levará toda criatura perante o julgamento de Cristo, para ser sentenciada pelo movimento da Palavra. Então, a vida se manifestará em todas as obras dessas criaturas, e as almas verão e sentirão em si mesmas seu julgamento e sua sentença. Na verdade, o julgamento manifesta-se em cada alma, quando esta se separa do corpo. O Juízo Final é apenas o retorno do corpo espiritual, e uma separação dos componentes do mundo: o mal será separado do bem na substância do mundo e do corpo humano, e tudo entrará em seu correspondente receptáculo eterno. O Juízo Final é, portanto, uma manifestação do mistério de Deus em toda substância e em toda vida".

26. DISCÍPULO: "Como a sentença será pronunciada?"

MESTRE: "Considera as palavras de Cristo: *Dirá aos que estarão à sua direita: 'Vinde, benditos de meu Pai, herdai o reino preparado para vós desde antes da fundação do mundo. Pois eu tive fome, e me destes de comer; tive sede, e me destes de beber; fui um estrangeiro, e me aceitastes; estive nu, e me vestistes; estive enfermo, e me visitastes; estive na prisão, e vos aproximastes de mim'. Então, eles lhe responderão dizendo: 'Senhor, quando te vimos com fome, com sede, estrangeiro, nu, enfermo e na prisão, e nos comportamos assim contigo?' Então o Rei lhes responderá dizendo: 'O que fizestes ao menor de meus irmãos, fizestes a mim'. – E dirá aos perversos, que estarão à sua esquerda: 'Afastai-vos de mim, malditos, para o fogo eterno preparado para o diabo e seus anjos. Pois tive fome, tive sede, fui estrangeiro, estive nu e na prisão, e vós não me servistes'. E eles também lhe responderão dizendo: 'Quando te vimos nesse estado, quando não te servimos?' E ele lhes dirá: 'Em verdade vos digo, o que não fizestes a um destes pequeninos, não o fizestes a mim'. E estes irão para o castigo eterno, mas os justos para a vida eterna"* [Mat. 25:34-46].

27. DISCÍPULO: "Amado mestre, explica-me por que Cristo disse: 'O que fizestes ao menor destes, o fizestes a mim; e o que não fizestes a eles tampouco o fizestes a mim'. Como estas coisas são feitas, como se o fosse ao próprio Cristo?"

MESTRE: "Cristo reside real e essencialmente na fé daqueles que se entregam completamente a ele, e lhes dá sua carne como alimento e seu sangue para beber, e toma posse do fundamento de sua fé, segundo o homem interior. Diz-se que um cristão é um ramo da vinha de Cristo, e que é cristão porque Cristo habita-o espiritualmente. Assim, qualquer bem que se faça a esse cristão em suas carências corporais, faz-se também a Cristo, que nele habita. Pois esse cristão já não é de si próprio, mas está completamente resignado a Cristo e tornou-se sua possessão particular; portanto, a boa ação é feita ao próprio Cristo. Quem quer que recuse ajuda a esse cristão necessitado lança Cristo para longe de si, ao desprezá-lo em seus membros. Quando uma pessoa pobre e necessitada, que pertence a Cristo, pede algo e tu o negas, nega-o ao próprio Cristo. Quando alguém escarnece, despreza ou rechaça um cristão, faz tudo isto a Cristo. Mas aquele que o recebe, lhe dá comida e bebida, ou roupas, e assiste-o em suas necessidades, o faz igualmente a Cristo. Mais ainda se quem o faz é cristão, pois o faz a si próprio, uma vez que somos todos *um* em Cristo, como uma árvore e seus ramos".

28. DISCÍPULO: "Como poderão subsistir, no Dia do Juízo, aqueles que afligem e humilham os pobres e entristecidos, sugando-lhes até mesmo o suor, obrigando-os, pela força, a submeterem-se às suas vontades, pisando-os com seus pés, apenas para viverem em pompa e poder, e gastar os frutos do suor e do labor dessa pobre gente em voluptuosidade, orgulho e vaidade?"

MESTRE: "Cristo sofre na perseguição de seus membros. Toda injustiça que tais tiranos infligem aos pobres que estão sob seu domínio, infligem ao próprio Cristo, e, por isso, cairão sob seu severo julgamento e sentença. Além disso, eles auxiliam o diabo a aumentar seu reino, pois, com tal opressão dos pobres, eles os afastam de Cristo e fazem-nos buscar modos ilícitos de encher seus estômagos. Digo mais, trabalham com e para o diabo, fazendo o mesmo que ele faz, opondo-se ininterruptamente ao reino de Cristo, que consiste apenas em amor. Todos os opressores, se não se voltarem para Cristo e o servirem com todo o coração, deverão ir para o Fogo do inferno, que é alimentado pelo que aqui fizeram aos pobres".

29. Discípulo: "O que sucederá àqueles que, neste tempo, usando o nome do reino de Cristo, lutam com ferocidade, matam, vilipendiam e perseguem-se uns aos outros por sua opinião religiosa? Como poderão resistir à severa prova?"

Mestre: "Na verdade, todos esses ainda não conheceram Cristo. São como uma representação ou figura do céu e do inferno, lutando pela vitória. Toda elevação do orgulho que disputa sobre opiniões é uma imagem da egoidade. Quem não tem fé e humildade não vive no espírito de Cristo, que é amor; está armado apenas com a cólera de Deus, e coopera para a vitória da imagem da egoidade, isto é, do reino das Trevas e da cólera de Deus. No Dia do Juízo, toda a egoidade e todas essas vãs disputas dos homens serão entregues às trevas. Tais disputas não visam o amor, apenas a imagem da egoidade, que exalta a si própria em suas opiniões. Por essas opiniões, os príncipes são levados à guerra, atacam e devastam países inteiros. Todas estas coisas estão destinadas ao julgamento que separará o falso do verdadeiro. Então, todos os argumentos e opiniões cessarão, e todos os filhos de Deus habitarão para sempre no amor de Cristo, e por ele serão habitados.

"Todo aquele que, neste tempo de luta – desde a Queda até a Ressurreição –, não é zeloso no espírito de Cristo e não deseja promover a paz e o amor, mas busca e luta apenas por si próprio, pertence ao diabo e está destinado à fossa das Trevas; por isso, deve ser separado de Cristo, pois, no céu, todos servem a Deus, seu Criador, no mais humilde amor".

30. Discípulo: "Por que, então, neste tempo, Deus permite tais lutas?"

Mestre: "A própria vida encontra-se em luta, para que possa tornar-se manifesta, sensível e palpável, e para que a Sabedoria possa fazer-se distinguível e conhecida.

"A luta também contribui para o gozo eterno que advém da vitória. Pois, nos santos, surgirá um grande louvor e uma grande ação de graças, pela experiência e pelo conhecimento de que Cristo sobrepujou neles as Trevas e toda egoidade da Natureza e, enfim, por estarem totalmente libertos da luta; verão qual será a recompensa dos perversos, e se regozijarão eternamente pela libertação alcançada. Por isso, Deus permite a todas as almas o livre arbítrio, para que o governo eterno, do amor e da cólera, da Luz e das Trevas, possa tornar-se manifesto e conhecido, e para que toda a vida possa causar sua própria sentença e encontrá-la em si própria. Pois, para os santos, em seu presente e desventurado estado bélico, aquilo que é luta e dor se converterá, ao final, num grande gozo; e, para os perversos, aquilo que neste mundo é um gozo e um prazer, logo se converterá em tormento eterno e vergonha. Portanto, o gozo dos santos surgirá a partir da morte, como a luz surge da vela por sua destruição e consumação no fogo. Assim a vida pode libertar-se da dor da natureza e possuir outro mundo. Uma vez que a luz tem uma propriedade distinta da do fogo – pois entrega-se a si mesma, enquanto o fogo atrai para si e se consome –, a vida santa da docilidade surge através da morte da vontade própria, e então apenas a Vontade do amor de Deus governa, governando e agindo em tudo e todos. Desse modo, o Eterno atinge a distinção e o sentimento de Si, e desse sentimento produz novamente a Si próprio, passando através da morte e chegando a um grande regozijo, para que possa haver um deleite eterno na Unidade infinita e uma causa eterna de gozo. Aquilo que antes foi dor [Fogo], agora deve ser fundamento e causa desse movimento para a manifestação de todas as coisas [Luz]. Aqui reside o mistério da Sabedoria oculta de Deus.

"Todo aquele que pede recebe, todo aquele que busca encontra, e a todo aquele que bate à porta, esta se abrirá [Mat. 7:8].

A graça de Jesus Cristo nosso Senhor, o amor de Deus e a comunhão do Espírito Santo sejam conosco. Amém".

Graças Senhor porque viestes ao Monte Sião, à cidade do Deus vivo, à Jerusalém celestial, à inumerável companhia dos anjos, e à universal assembléia e igreja dos primogênitos inscritos nos céus; e a Deus, Juiz de todos; e aos espíritos dos homens justos que

chegaram à perfeição; e a Jesus, o mediador da nova aliança; e à aspersão do sangue, que anuncia melhores coisas do que o de Abel. Amém
Louvor, glória e ação de graças, honra, sabedoria e poder para aquele que se senta no trono, para nosso Deus e o Cordeiro, pelos séculos dos séculos. Amém.

Hebreus 12:22-24

O Caminho que vai das Trevas à Verdadeira Iluminação

(1624)

*Composto por uma alma que ama a todos
os filhos de Jesus Cristo que estão sob a cruz*

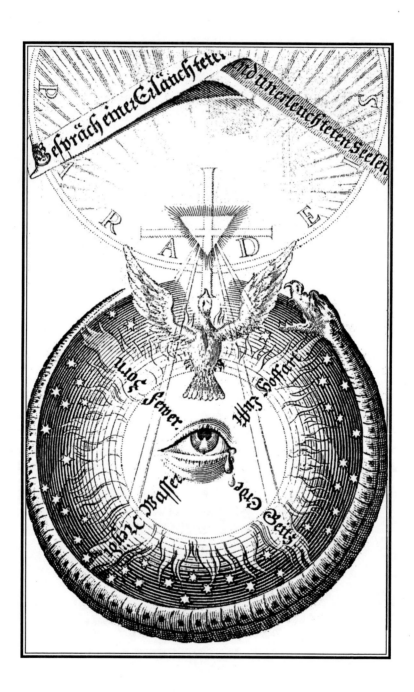

DIÁLOGO ENTRE UMA ALMA ILUMINADA E OUTRA EM BUSCA DA ILUMINAÇÃO

Como uma alma iluminada deve buscar outra e consolá-la, levando-a, por seu conhecimento, às sendas da peregrinação de Cristo, advertindo-a lealmente do espinhoso caminho do mundo, no qual caminha a alma caída, que conduz ao abismo ou fossa do inferno.

1. Era uma pobre alma que viajou para fora do Paraíso, ao reino deste mundo, onde o diabo a encontrou e lhe perguntou: "Aonde vais, ó alma meio cega?"

2. A alma respondeu: "Quero ver as criaturas do mundo, feitas pelo Criador e conhecê-las".

3. O diabo disse: "Como desejas vê-las e conhecê-las se não podes compreender sua essência e peculiaridade [propriedade]? Contemplarás apenas seu exterior, como a uma pintura, não podendo conhecê-las inteiramente".

4. A alma: "Como posso conhecer sua essência e peculiaridade?"

5. O diabo: "Se comeres do fruto pelo qual as próprias criaturas vieram a ser boas e más, teus olhos se abrirão para vê-las plenamente. Então serás como o próprio Deus e saberás o que é a criatura".

6. A alma: "Sou uma criatura nobre e santa, mas o Criador advertiu-me que se fizer o que me sugeres morrerei".

7. O diabo: "Não, absolutamente!, mas teus olhos se abrirão, e serás, como Deus, conhecedora do bem e do mal. Serás também poderosa e grandiosa como eu, e todas as sutilezas das criaturas te serão conhecidas".

8. A ALMA: "Se eu tivesse o conhecimento da natureza e das criaturas, poderia governar o mundo".
9. O DIABO: "Todo o fundamento desse conhecimento reside em ti mesma. Simplesmente faz que tua vontade e teu desejo desviem-se de Deus e da bondade, e voltem-se para a natureza e as criaturas; então, surgirá em ti o desejo de provar tais coisas. Assim, poderás comer da árvore da ciência do bem e do mal, e com isso chegarás a conhecer todas as coisas".
10. A ALMA: "Bem, então comerei da árvore da ciência do bem e do mal, para poder governar todas as coisas por meu próprio poder, sendo meu próprio senhor na Terra e, como Deus, fazer o que quiser".
11. O DIABO: "Sou o príncipe deste mundo. Se desejas governar a Terra, deves dirigir teus desejos à minha imagem, desejar ser como eu, para que possas obter a astúcia, a engenhosidade, a razão e a sutileza de minha imagem".
O diabo, então, apresentou à alma o Vulcano *(Vulcanus)* do Mercúrio: o poder que se encontra na raiz ígnea da criatura, a roda ígnea da essência, ou substância, na forma de uma serpente.
12. Ante essa visão, a alma disse: "Este é o poder de todas as coisas. O que devo fazer para obtê-lo?"
13. O DIABO: "Tu mesma és esse Mercúrio *(Mercurius)* ígneo. Se separas tua vontade de Deus e a introduz nesse poder, teu próprio fundamento oculto se manifestará em ti, e poderás obter o que desejas. Porém, deves comer desse fruto, no qual cada um dos quatro elementos governa sobre o outro, estando em contínua luta, como o frio contra o calor e o calor contra o frio. Então, instantaneamente, serás como a roda ígnea, conduzindo todas as coisas sob teu próprio poder e possuindo-as como próprias".
Assim fez a alma, e eis o que sucedeu:
14. Quando a alma separou sua vontade de Deus e a introduziu no Vulcano do Mercúrio – a vontade ígnea, a raiz da vida e do poder –, surgiu nela um desejo de comer do fruto da árvore da ciência do bem e do mal. Ela tomou o fruto e o comeu.
15. Assim que o fez, Vulcano (o artífice do Fogo) acendeu a roda ígnea de sua essência, e então todas as propriedades da

Natureza despertaram na alma, e cada uma exerceu sua própria concupiscência e desejo.

Primeiro surgiu a cobiça do orgulho: um desejo de ser grande e poderoso, de ter todas as coisas submetidas a si, de ser senhor absoluto, desprezando toda humildade e igualdade, estimando-se o único prudente, astuto e engenhoso, e tomando por estúpido todos que não estivessem de acordo com seu próprio humor e predisposição.

16. Em segundo lugar, surgiu a cobiça da avareza: um desejo de obter todas as coisas, de atrai-las para si, para sua posse. Pois, quando a cobiça do orgulho separou de Deus a vontade da alma, a vida desta não mais confiou em Deus e quis cuidar de si mesma, e, portanto, dirigiu seu desejo para as criaturas, para a Terra, os metais, as árvores e outras criaturas.

17. Foi assim que, depois de separar-se da unidade, do amor e da doçura divinas, a vida ígnea da alma tornou-se faminta e avarenta, e atraiu para si os quatro elementos e sua essência, chegando à condição das bestas. Foi assim que a vida tornou-se escura, vazia e colérica, e as virtudes e cores celestes desapareceram, como uma vela que se extinguiu.

18. Em terceiro lugar, na vida ígnea da alma, surgiu a espinhosa e hostil cobiça da inveja: um veneno infernal, uma propriedade que todos os diabos têm, e um tormento que faz da vida uma mera inimizade para com Deus e para com todas as criaturas. Esta inveja manifestou-se furiosamente na concupiscência da avareza, como uma picada venenosa, pois a inveja não pode suportar que a avareza não atraia o que deseja para si, e passa a odiá-lo e busca destruí-lo. E por causa dessa paixão infernal o nobre amor da alma se asfixia.

19. Em quarto lugar, na vida ígnea da alma, surgiu um tormento semelhante ao fogo: a ira, o desejo de matar e afastar do caminho todos os que não se submetem a seu orgulho.

20. Deste modo, nessa alma, manifestou-se plenamente o inferno e seu fundamento, a Cólera de Deus. Assim a alma perdeu o belo Paraíso de Deus e o reino dos céus, e converteu-se num verme, semelhante à serpente ígnea que o diabo lhe havia

apresentado, tornando-se sua imagem e semelhança. Com isso, a alma começou a governar o mundo de um modo bestial, fazendo todas as coisas conforme a vontade do diabo, vivendo meramente no orgulho, na avareza, na inveja e na ira. Já não há nenhum amor verdadeiro por Deus, tendo surgido em seu lugar um amor bestial, malvado e sujo pela libertinagem, pela lascívia e pela vaidade, não restando pureza alguma em seu coração, pois a alma abandonara o Paraíso e tomara a Terra em sua posse. Sua mente estava inclinada apenas às aparências, à astúcia, à sutileza, e a uma multidão de coisas mundanas. Nela já não restava retidão ou virtude alguma. Qualquer mal ou erro cometido, era encoberto com muita astúcia e sutileza sob o manto de seu poder e de sua autoridade, por meio da lei, em nome do direito e da justiça, sendo tomados por bons.

O DIABO APROXIMA-SE DA ALMA

21. Depois disso, o diabo aproximou-se da alma e conduziu-a de um vício a outro, pois ele a aprisionara em sua essência. Colocando ante ela gozo e prazer, disse-lhe: "Vê, agora és poderosa e nobre. Trata de ser maior, mais rica e mais poderosa ainda. Emprega teu conhecimento, astúcia e sutileza para que todos te temam e respeitem, e possas adquirir um grande nome neste mundo".

22. A alma fez o que o diabo lhe havia aconselhado, mas sem saber que seu conselheiro era O DIABO: acreditou que era guiada por seu próprio conhecimento, astúcia e compreensão, e que fazia tudo bem e corretamente.

JESUS CRISTO ENCONTRA-SE COM A ALMA

23. Seguia a alma por tal curso de vida, quando nosso querido e amado Jesus Cristo a encontrou. Ele, que veio a este mundo com o Amor e a Cólera de Deus para destruir as obras do diabo e executar o julgamento de todos os atos perversos, falou dentro dela por meio de um forte poder – sua paixão e morte – e destruiu as obras do diabo, desvelando-lhe o caminho de sua graça, brilhando sobre ela com sua misericórdia.

O CAMINHO DAS TREVAS À ILUMINAÇÃO / 131

Chamou-a ao arrependimento e ao retorno, e prometeu libertá-la da imagem monstruosa e disforme na qual tinha se convertido e reconduzi-la ao Paraíso.

COMO CRISTO AGIU NA ALMA.

24. Quando a centelha do amor de Deus, a Luz divina, manifestou-se na alma, ela viu num instante que, por sua vontade e suas obras, estava no inferno e que se havia convertido num monstro feio e disforme ante a presença divina e o reino dos céus. Ficou tão aterrorizada que sofreu a maior das angústias, pois o juízo de Deus manifestava-se nela.

25. O Senhor Jesus Cristo falou à alma com a luz de sua graça: "Arrepende-te e abandona a vaidade!, e alcançarás minha graça".

26. Então, em sua disforme e feia imagem e sob o sujo manto da vaidade, a alma aproximou-se de Deus e pediu a graça e o perdão de seus pecados. Acreditou que a satisfação em nosso Senhor Jesus Cristo e sua redenção através dele lhe correspondiam.

27. Contudo, as más propriedades da serpente, o orgulho, a avareza, a inveja e a ira, formadas no espírito astral – a razão do homem exterior – não estavam dispostas a permitir que a vontade da alma se aproximasse de Deus, e introduziram-se nessa vontade com suas lascívias e más inclinações. Pois essas más propriedades não queriam morrer para seus próprios desejos, nem abandonar o mundo, pois eram provenientes do mundo e, conseqüentemente, temiam sua reprovação caso abandonassem a honra e a glória mundanas. Contudo, a pobre alma voltou sua face para Deus e desejou Sua graça e Seu amor.

O DIABO APROXIMA-SE NOVAMENTE DA ALMA.

28. Porém, quando o diabo viu que a alma orava a Deus e queria entregar-se ao arrependimento, aproximou-se e reacendeu as más inclinações e propriedades terrenas dentro de suas orações, perturbando seus bons pensamentos e os bons desejos dirigidos a

Deus, desviando-os novamente para as coisas terrenas, de modo que não puderam chegar a Deus.

A ALMA ANSIAVA POR DEUS

29. A vontade central da alma certamente ansiava por Deus, mas os bons pensamentos que haviam surgido em sua mente foram desviados, dispersados e destruídos, de modo que não puderam alcançar o poder de Deus. Diante disso, a pobre alma aterrorizou-se ainda mais e começou a orar com mais veemência ainda. Porém, o diabo apossou-se da alma – a roda ígnea da vida, a roda mercurial, incandescida pelo desejo – e nela despertou as propriedades do mal, de modo que as falsas e más inclinações ressurgiram na alma e dirigiram-se às coisas nas quais ela tivera mais prazer e deleite.

30. A pobre alma queria sinceramente dirigir-se a Deus com sua vontade e, para isso, empregou todos os meios; mas seus pensamentos desviavam-se continuamente de Deus em direção às coisas terrenas e não conseguiam voltar-se para Ele. A alma suspirou e se lamentou perante Deus; mas era como se Ele a houvesse abandonado completamente, expulsando-a de Sua presença. Ela não podia obter sequer um vislumbre de Sua graça. Em contrapartida, encontrava-se em angústia, medo e terror ante a possibilidade da cólera e do severo juízo de Deus, e temia que o diabo viesse a apoderar-se dela. Caiu, assim, em tal abatimento e miséria, que se fartou de todas as coisas temporais que antes haviam sido seu principal gozo e felicidade.

31. A vontade terrena e natural certamente ainda desejava essas coisas, mas a alma alegremente abandonaria a todas elas, desejando morrer para todo desejo e gozo temporais, ansiando apenas pelo lugar do qual proviera originalmente. Viu que estava longe de sua terra natal; sentiu-se transtornada e necessitada, e não soube o que fazer; contudo, decidiu entrar em si própria e orar mais diligentemente ainda.

A OPOSIÇÃO DO DIABO

32. Porém, o diabo opôs-se a isso e a impediu, de modo que ela não pôde alcançar maior fervor de arrependimento. As concupiscências terrenas, com sua natureza maligna e falsa retidão, despertaram e permaneceram em seu coração, resistindo à vontade e ao desejo recém-nascidos da alma, pois não queriam morrer para sua própria vontade e luz, queriam conservar seus prazeres temporais, e para isso mantinham a alma imóvel e presa a seus desejos malignos, embora ela suspirasse e ansiasse mais que nunca pela Graça de Deus.

33. Sempre que a alma orava e se dirigia a Deus, as concupiscências da carne tragavam os raios que nela surgiam, afastando-os de Deus e dirigindo-os aos pensamentos terrenos, de modo que ela não pôde participar da fortaleza divina. A alma considerou-se abandonada por Deus, sem saber que, não obstante, Ele estava muito perto e atraindo-a para Si.

34. Então o diabo aproximou-se, penetrou o mercúrio ígneo da alma – a roda ígnea de sua vida – e, mesclando seus desejos às concupiscências terrenas da carne, tentou a pobre alma, sussurrando-lhe em seus pensamentos terrenos: "Por que oras? Porventura acreditas que Deus te conhece ou te considera? Observa teus pensamentos quando estás diante d'Ele. Acaso não são totalmente perversos? Não tens fé em Deus, nem crês n'Ele! Por que haveria de escutar-te? Ele não te escuta, desengana-te! Por que atormentas e maltratas a ti mesma, sem necessidade? Tens tempo de sobra para arrepender-te quando quiseres.

35. "Estás louca? Olha um pouco para o mundo, vê como vive em júbilo e regozijo. E não obstante será salvo, pois Cristo pagou o resgate e redimiu a todos os homens. Só precisas crer que o fez também para ti. Consola-te e estarás salva. O mais provável é que neste mundo não chegues a sentir e conhecer a Deus. Por isso desengana-te; cuida de teu corpo e da glória temporal.

36. "O que pensas que ocorrerá contigo se te tornas tão estúpida e melancólica? Serás motivo de escárnio e todos se rirão de tua loucura. Passarás teus dias apenas em lamentações e

abatimento, o que não agrada a Deus nem à natureza. Olha a beleza do mundo, pois Deus te criou e te colocou nele para que sejas como todas as criaturas e as governe. Aceita e apanha agora as coisas do mundo, para que, no futuro, não precises mais dele, e para não seres motivo de escândalo. Tens tempo. Espera a velhice e a aproximação do fim, e então prepara-te para o arrependimento. Deus te salvará e te receberá nas mansões celestiais. Não há necessidade alguma de tais tormentos, aborrecimentos e desgostos, como os que agora te impões".

A CONDIÇÃO DA ALMA

37. A alma foi enlaçada pelo diabo com pensamentos como estes e similares, como que atada com fortes cadeias, e mais uma vez foi levada aos caprichos da carne e aos desejos terrenos, e já não sabia o que fazer. Tornou a olhar um pouco para o mundo e seus prazeres, mas ainda sentia fome da graça divina e desejava entrar no arrependimento e chegar ao favor de Deus. Havia sido tocada e acariciada pela mão de Deus e, portanto, não podia encontrar repouso em parte alguma senão n'Ele. Não cessava de suspirar, lamentando os pecados que havia cometido e, se pudesse, de bom grado se desfaria deles. Não podia, contudo, alcançar um verdadeiro arrependimento, menos ainda o conhecimento do pecado, embora tivesse uma fome poderosa e um ardente desejo de tal penitência.

38. Estando abatida e triste e não encontrando remédio ou repouso, a alma começou a buscar um lugar adequado para empreender um verdadeiro arrependimento, um lugar em que pudesse estar livre dos assuntos, preocupações e tormentos do mundo. Por isso, buscou um lugar ermo e solitário e abandonou todos os assuntos mundanos e todas as coisas temporais. Procurou também um modo de obter o favor de Deus, acreditando que, sendo bondosa e compassiva para com os pobres, obteria a misericórdia de Deus. Concebeu, assim, todo tipo de maneiras para alcançar o repouso e o amor, o favor e a graça de Deus.

39. Porém, nada do que fazia surtia efeito, pois seus assuntos mundanos ainda a acompanhavam nas concupiscências da carne;

O CAMINHO DAS TREVAS À ILUMINAÇÃO / 135

estava agora, tanto quanto antes, aprisionada na rede do diabo, e não podia alcançar o repouso. Ainda que por um momento pudesse alegrar-se com as coisas terrenas, no momento seguinte estava novamente triste e abatida, pois sentia a cólera de Deus despertar dentro de si, mas não sabia por quê. Muitas vezes, uma grande angústia e tentação caíram sobre ela, tornando-a desassossegada, doente e desfalecida de terror.

40. Tudo isso devido à grande intensidade com que a alma foi tocada pelo raio da primeira influência da graça. Ela não sabia que Cristo estava na cólera e na severa justiça de Deus, lutando em seu corpo e sua alma contra Satanás, o espírito do erro, que se incorporara a eles. Não compreendia que a fome e o desejo de arrependimento provinham do próprio Cristo, por quem era atraída. Tampouco sabia o que a impedia de alcançar e sentir a presença de Deus. Não entendia que ela mesma era um monstro que carregava a imagem da serpente, a quem o diabo tinha acesso e sobre a qual tinha poder, a quem tinha confundido e minado em todos seus bons desejos, pensamentos e movimentos, afastando-os de Deus e da bondade. Sobre isto, Cristo disse: "O diabo arrebata a Palavra de seus corações, para que não creiam e não sejam salvos" (Luc. 8:12).

UMA ALMA ILUMINADA E REGENERADA
ENCONTRA-SE COM A ALMA ATORMENTADA

41. Pela providência divina, uma alma iluminada e regenerada encontrou-se com essa pobre alma aflita e atormentada, e disse-lhe: "O que te aflige? Por que estás tão intranqüila e preocupada?"

42. A alma atormentada respondeu: "O Criador ocultou de mim a Sua Face, e não posso chegar a Seu repouso. Por isso estou aflita e não sei o que fazer para obter Sua amorosa clemência. Grandes escarpas e rochas interpõem-se entre mim e Sua graça, de modo que não posso alcançá-Lo. Por mais que eu suspire por Ele e por mais que O deseje, não posso participar de Seu poder, virtude e fortaleza".

43. A alma iluminada disse: "Sabe que carregas a monstruosa imagem do diabo e estás dela revestida. Uma vez que essa imagem participa da mesma propriedade ou Princípio que o diabo, ele tem acesso a ti e impede que tua vontade se volte para Deus. Pois, se tua vontade estivesse em Deus, seria ungida com Seu mais alto poder e fortaleza, na ressurreição de nosso Senhor Jesus Cristo. Essa unção despedaçaria o monstro que levas contigo, e tua primeira imagem paradisíaca reviveria em ti. Serias de novo um anjo. O diabo não deseja que chegues a isto, e mantém-te presa em tuas próprias concupiscências carnais. Se não te libertares, estarás separada de Deus e nunca poderás entrar em nossa sociedade".

44. Ante essas revelações, a pobre alma aterrorizou-se e não pôde dizer nem mais uma palavra. Soube que adquirira a forma da serpente, que a separava de Deus, e que nessa condição o diabo estava muito perto e tinha grande poder sobre ela, e que confundia sua vontade com pensamentos falsos. Entendeu que estava perto da condenação e fortemente presa ao abismo sem fundo do inferno, aprisionada na cólera de Deus, e teria desesperado da misericórdia divina.

45. Porém, o poder, a virtude e a fortaleza do primeiro movimento da graça de Deus que a acariciara, sustentaram-na e impediram-na de cair no desespero total. Todavia, lutava dentro de si mesma entre a esperança e a dúvida. Qualquer esperança que se erguia, a dúvida tornava a derrubar. A alma caíra numa intranqüilidade tão contínua que, por fim, o mundo e toda sua glória tornaram-se repulsivos para ela. Não mais desejava gozar os prazeres mundanos. No entanto, apesar de tudo, não conseguia chegar ao repouso.

46. Algum tempo depois, a alma iluminada aproximou-se novamente desta alma e, encontrando-a tão angustiada e preocupada como antes, disse-lhe: "O que fazes? Porventura desejas destruir-te com tua angústia e tua lamentação? Por que te atormentas com o teu próprio poder e vontade? Não és senão um verme, e com o que estás fazendo só podes aumentar teu tormento. Ainda que submergisses até o fundo do mar, ou pudesses voar aos mais

distantes fulgores da aurora, ou elevar-te acima das estrelas, não poderias libertar-te. Quanto mais te afligires, atormentares e preocupares, mais dolorosa será a tua natureza, e não serás capaz de chegar ao repouso. Perdeste teu poder! Como um pau seco que ardeu até converter-se em carvão não pode, por seu próprio poder, tornar-se verde, nem ter seiva para florescer como as outras árvores e as outras plantas, assim também não podes, por teu próprio poder e fortaleza, alcançar a morada de Deus, nem converter-te na forma angélica que tiveste no início. Estás murcha e seca para Deus, como uma planta morta que perdeu sua seiva e sua vitalidade. Tuas propriedades são como o calor e o frio, que lutam continuamente sem jamais poderem unir-se".

47. A alma angustiada disse: "O que, então, deverei fazer para tornar a brotar e receber minha vida primordial, na qual estava em repouso antes de converter-me nessa imagem nefasta?"

48. A alma iluminada disse: "Nada tens de fazer salvo abandonar tua vontade própria, isto é, aquilo que chamas "eu". Desse modo, todas as tuas propriedades malignas se enfraquecerão e começarão a morrer; então mergulharás tua vontade própria na Unidade da qual provieste. Estás cativa das criaturas [propriedades malignas] que habitam a ti e ao mundo, mas se tua vontade as abandona, as criaturas que com suas más inclinações te impedem de chegar a Deus morrerão em ti.

49. "Se seguires o caminho que te indico, teu Deus te enviará Seu infinito amor, por Ele revelado para a humanidade em Jesus Cristo. Ele te dará seiva, vida e vigor, de modo que poderás brotar e florescer novamente, e regozijar-te no Deus vivente como um ramo que cresce em sua verdadeira videira. Assim recobrarás a imagem de Deus, e te liberarás da imagem e condição da serpente. Então serás meu irmão e companheiro dos anjos".

50. A pobre alma disse: "Como poderia abandonar minha vontade, para que as criaturas que nela habitam venham a morrer, considerando que tenho de estar no mundo e dele necessito enquanto viver?"

51. A alma iluminada disse: "Agora tens poderes e riquezas mundanas, que possues como próprias, fazendo com isso o que

bem queiras, não levando em conta o modo pelo qual as obtiveste, nem como as utiliza, empregando-as apenas para a satisfação de teus desejos vãos e carnais. Embora vejas a miséria dos pobres e desgraçados, que requerem tua ajuda e são teus irmãos, não apenas lhes nega ajuda, mas impõe-lhes pesadas cargas, exigindo deles mais do que suas capacidades, fazendo que despendam seu labor e seu suor para ti e para a gratificação de tua vontade voluptuosa. Além disso, és orgulhoso e os insultas, e te comportas rude e insolentemente para com eles, exaltando-te acima deles e considerando-os insignificantes diante de ti.

52. "Então, esses teus irmãos pobres e oprimidos lamentam-se a Deus, pois não podem colher o benefício de seu próprio labor e fadigas, sendo forçados por ti a viver na miséria. E, com tais suspiros e lamentos atiçam em ti a cólera de Deus, aumentando as chamas de teu tormento e de tua intranqüilidade.

53. "Estas são as criaturas [propriedades] de que estás enamorado, tendo-te separado de Deus por elas e dirigido teu amor apenas a elas. Assim essas criaturas vivem no teu amor; tu as alimenta com teu desejo e as acolhe em tua mente, pela concupiscência de tua vida. Elas são uma progênie suja, asquerosa e malvada, nascida da natureza bestial, que, ao serem recebidas em tua mente e teu desejo, ganham forma e imagem em ti.

54. "Essa imagem é uma besta de quatro cabeças: a primeira é o orgulho; a segunda, a avareza; a terceira, a inveja; a quarta, a ira. Estas quatro propriedades constituem os pilares do inferno. Carrega-as contigo, estão impressas e gravadas em ti e a teu redor, estás totalmente cativa delas. Essas propriedades vivem em tua vida natural e, por isso, estás separada de Deus; não poderás aproximar-te d'Ele enquanto não abandonares estas criaturas [propriedades] más, para que morram em ti.

55. "Desejas que eu te diga como abandonar a vontade própria e perversa, de modo que tais criaturas venham a morrer, ainda que sigas vivendo no mundo. Posso assegurar-te que só há um caminho para isso, um caminho estreito e reto. No início, te será muito difícil e irritante trilhá-lo; porém, mais tarde, caminharás por ele jubilosamente.

56. "Deves considerar seriamente que, no curso desta vida mundana, caminhas na cólera de Deus e nos fundamentos do inferno, e que este não é tua verdadeira terra natal. Um cristão deve viver em Cristo, seguindo-o em seu caminhar, e não pode ser um cristão a não ser que o espírito de Cristo viva nele e que esteja plenamente submetido a ele.

57. "Uma vez que o reino de Cristo não é deste mundo, mas do Céu, se desejas seguir a Cristo, deves estar em contínua ascensão ao Céu, embora teu corpo necessite viver e habitar entre as criaturas.

58. "O caminho estreito da perpétua ascensão aos céus e da imitação de Cristo é este: deves desesperar de todo teu próprio poder e fortaleza, pois através dele não podes alcançar os portais de Deus. Deves decidir-te firmemente a entregar-te por completo à misericórdia de Deus. Deves submergir-te com toda tua mente e razão na paixão e morte de nosso Senhor Jesus Cristo, desejando sempre perseverar nele e morrer para todas as criaturas.

59. "Deves também vigiar tua mente, teus pensamentos e inclinações, para que não acolham mal algum, e não deves permitir que a honra ou o proveito temporal te seduzam. Deves ter a intenção de afastar de ti toda falta de retidão e tudo o que possa obstruir a liberdade de teu movimento e progresso. Tua vontade deve ser inteiramente pura e fixar-se na firme resolução de nunca retornar aos velhos ídolos, mas abandoná-los e separar tua mente deles, entrando no caminho sincero da verdade, da retidão e da justiça, seguindo a doutrina de Cristo.

60. "Assim como te propões a abandonar os inimigos em tua própria natureza interior, deves também perdoar a todos os teus inimigos exteriores, dispondo-te a encontrá-los com o teu amor, para que assim não possa restar criatura, pessoa ou coisa capaz de capturar tua vontade, e ela seja purificada de todas as criaturas.

61. "Digo mais, se preciso for, deverias estar satisfeita e pronta a abandonar, por Cristo, todas as honras e bens materiais. Não dês importância a nada que seja terreno, para que teu coração e teus afetos não se estabeleçam ali. Qualquer que seja teu estado, grau

ou condição quanto a classe mundana das riquezas, considera-te como um servo de Deus e de teus companheiros, os cristãos, ou como um serviçal de Deus no ofício em que Ele te estabeleceu. Toda arrogância e auto-exaltação deve ser humilhada, diminuída e aniquilada, de tal modo que nada de teu, ou de qualquer outra criatura, possa estabelecer-se em tua vontade, para que teus pensamentos e tua imaginação não se estabeleçam ali.

62. "Além disso, deves gravar em tua mente que, pelo mérito de Jesus Cristo, alcançarás a graça prometida e participarás de seu transbordante amor. Em verdade, Cristo já vive em ti, iluminando tua vontade e inflamando-a com a chama de seu amor. Ele te libertará de tuas criaturas e te dará a vitória sobre o diabo.

63. "Nada podes fazer por teu próprio poder. Podes apenas entrar no sofrimento e na ressurreição de Cristo, tomando-os para ti. Com isso, o reino do diabo, estabelecido em ti, sofrerá violentos ataques e será feito em pedaços, e tuas criaturas [propriedades] morrerão. Deves decidir-te entrar neste caminho, neste mesmo instante, e nunca mais afastar-te dele, submetendo-te de boa vontade a Deus em todos os teus projetos e atos, para que Ele possa fazer contigo o que bem quiser.

64. "Quando esta for tua vontade e tiveres tomado tais resoluções, terás atravessado a barreira de tuas próprias criaturas e estarás apenas na presença de Deus, revestida dos méritos de Jesus Cristo. Poderás, então, como o filho pródigo, ir livremente ao Pai e prosternar-te ante Sua face em arrependimento. Emprega toda tua força nesta obra, confessando teus pecados e tua desobediência, e não com palavras vazias, mas arrependendo-te com todo teu ser. Entretanto, tudo isto não será mais que um propósito e a uma resolução firmes, pois a alma não tem como fazer nenhuma boa obra por si mesma.

65. "Quando estiveres nessa disposição, teu Pai celeste, vendo-te retornar com arrependimento e humildade, falará contigo internamente, dizendo: "Este é meu filho que Eu havia perdido. Estava morto e reviveu" [Luc. 15:24]. E irá encontrar-te em tua mente e, por meio da graça e do amor de Jesus Cristo, te abraçará com os raios de Seu amor e te beijará com Seu Espírito e poder. Então

receberás a graça de verter tua confissão diante d'Ele e de orar poderosamente.

66. "Esse é, em verdade, o momento e o lugar corretos do combate, isto é, diante da Luz de Sua Face. Se te manténs firme, se não te desvias, verás e sentirás grandes maravilhas. Descobrirás Cristo combatendo o inferno dentro de ti, fazendo em pedaços as tuas bestas, e fazendo surgir em ti um grande tumulto e uma grande miséria. Teus pecados secretos serão os primeiros a despertar, e tentarão separar-te de Deus. Verás e sentirás, então, como a morte e a vida lutam uma com a outra e, pelo que se passa em ti, entenderás o que são o céu e o inferno.

67. "Mas não te movas por isso; mantém-te firme e não te desvies. Por fim, todas as criaturas [más inclinações] se tornarão fracas e começarão a morrer, e tua vontade se tornará cada vez mais forte e capaz de submetê-las. Então, gradualmente, tua vontade e tua mente ascenderão ao céu, e tuas criaturas perecerão. Obterás uma mente nova e, despojando-te da deformidade bestial e recobrando a imagem divina, começarás a ser uma nova criatura. Assim te liberarás de tua presente angústia e chegarás novamente ao repouso".

A PRÁTICA DA POBRE ALMA

68. Então, tendo a pobre alma começado a praticar este caminho com diligência, acreditou que obteria a vitória rapidamente. Mas encontrou as portas do céu fechadas para sua habilidade e poder. Foi como se tivesse sido rechaçada e abandonada por Deus, sem nenhum vislumbre da Graça. Então, a alma disse a si mesma: "De certo não te entregastes por completo a Deus. Nada deves desejar d'Ele, apenas submeter-te a Seu juízo, para que Ele possa matar tuas más inclinações. Lança-te n'Ele para além dos limites da natureza e da criatura, e submete-te a Ele de tal modo que Ele possa fazer contigo o que bem quiser, pois não és digna de falar com Ele". Assim, a alma tomou a resolução de lançar-se n'Ele e abandonar por completo sua vontade própria.

69. Tendo feito isso, caiu sobre ela o maior arrependimento possível pelos pecados que cometera, e deplorou amargamente a fealdade de sua forma. Lamentou-se verdadeira e profundamente que as más criaturas a habitassem. Em seu pesar, não pôde falar uma só palavra na presença de Deus; em seu arrependimento, recordou apenas a amarga paixão e morte de Jesus Cristo: quão grande angústia e tormento havia sofrido por sua causa, para livrá--la de sua angústia e convertê-la novamente na imagem de Deus. Lançou-se inteiramente nessa recordação, não fazendo outra coisa senão lastimar sua ignorância e negligência, por ter sido ingrata para com seu Redentor, jamais tendo considerado o grande amor que ele mostrou por ela, tendo passado o tempo ociosamente, sem jamais pensar como poderia participar de sua Graça. Com as vãs concupiscências e prazeres do mundo, havia formado em si as imagens e figuras das coisas terrenas; havia obtido inclinações tão bestiais que agora deveria viver presa numa grande miséria, sem atrever-se, por vergonha, a erguer os olhos a Deus, enquanto Ele ocultava-lhe a Luz de Sua Face, não querendo olhá-la.

70. Encontrando-se imersa em tais gemidos e lágrimas, foi atraída para o abismo do horror, como se estivesse perante as portas do inferno para nele perecer. A pobre alma, extenuada e completamente desorientada, esqueceu-se de todos seus atos e queria entregar-se à morte e deixar de ser uma criatura. Com isso, entregou-se à morte, desejando apenas morrer na morte do seu Redentor, Jesus Cristo, que sofrera tão grandes tormentos por ela. Contudo, nessa agonia, começou a suspirar interiormente e a clamar pela bondade divina e a lançar-se na mais pura misericórdia de Deus.

71. Quando isso ocorreu, a amável face do amor de Deus subitamente apareceu e penetrou-a com uma grande Luz, lançando-a no mais profundo êxtase da bem-aventurança. Começou então a orar de maneira correta e a agradecer pela graça do Altíssimo, regozijando-se imensamente por ter sido libertada da morte e da angústia do inferno.

72. Provou a doçura de Deus e a Sua Verdade prometida; com isso, todos os espíritos maus que antes a haviam fustigado,

apartando-a da graça do amor e da *Presença Interior* de Deus, foram obrigados a dela separar-se. Então, solenemente, o "matrimônio do Cordeiro" teve lugar: a nobre *Sofia*[7] desposou a alma e o selo do anel da vitória de Cristo imprimiu-se em sua essência, e ela foi recebida novamente como filho e herdeiro de Deus.

73. Quando isto ocorreu, a alma tornou-se muito feliz e começou a operar nesse novo poder, celebrando com louvores as maravilhas de Deus, pensando que, dali em diante, caminharia continuamente sob a mesma Luz, poder e gozo. Porém, foi logo assaltada – exteriormente, pelo escárnio e reprovação do mundo e, interiormente, por uma grande tentação –, de modo que começou a ter dúvidas quanto ao fato de seu fundamento estar realmente em Deus e se havia participado de Sua Graça.

74. Assim, Satanás, o Acusador, aproximou-se e quis desviar a alma de seu caminho, levando-a a duvidar do caminho verdadeiro, sussurrando-lhe interiormente: "Essa feliz mudança em teu espírito não provém de Deus, mas apenas de tua própria imaginação".

75. Além disso, a Luz divina retirou-se, brilhando apenas no plano interior da alma – como numa fogueira, quando a lenha em chamas é retirada, restando apenas o fogo interior das brasas –, de modo que a razão sentia-se perplexa e abandonada. A alma não sabia porque isso estava ocorrendo, nem se de fato havia experimentado a divina Luz da Graça. Contudo, não podia deixar de lutar.

76. Pois o ardente Fogo do Amor fora semeado nela, gerando uma fome veemente e contínua da doçura divina. Por fim, começou a orar de maneira correta, humilhando-se perante Deus, examinando e testando suas más inclinações e pensamentos, e lançando-os para fora de si.

---

7. *Sofia*, em grego, Sabedoria. Para Bœhme, a Sofia é, em Deus, um reflexo de Sua unidade insondável ou o espelho no qual Ele se contempla e através do qual cria todas as coisas. No homem, é a *presença interior* de Deus (em hebraico: *Shekhinah*); a imagem ideal ou arquetípica do homem originalmente concebida e ainda presente em Deus. Por isso, a Sabedoria Divina é representada aqui como o aspecto feminino manifestado em Deus, a 'noiva' que deve ser desposada pela alma do homem.

77. Desse modo, a vontade da razão foi quebrada e as más inclinações inerentes a ela foram gradativamente aniquiladas e extirpadas. Esse processo foi muito severo e doloroso para a natureza do corpo, tornando-o débil e enfermo. Contudo, não era uma enfermidade natural, mas a melancolia de sua natureza terrena sentindo e lamentando a destruição de suas concupiscências.

78. Pois bem, quando a razão terrena encontrou-se em tal abandono e a pobre alma viu que, exteriormente, era desprezada e ridicularizada pelo mundo, pois já não podia trilhar o caminho da perversão e da vaidade, e também que, interiormente, era assaltada pelo Acusador, Satanás, que a escarnecia, oferecendo-lhe a todo momento as belezas, as riquezas e a glória do mundo, e chamando-a de estúpida por não correr para abraçá-las, a alma começou a pensar e dizer: "Ó Deus eterno! O que farei agora para chegar ao repouso?

A ALMA ILUMINADA ENCONTRA-SE NOVAMENTE COM A ALMA ATORMENTADA

79. Em meio a tais pensamentos, a alma iluminada encontrou-se mais uma vez com a alma atormentada, e disse-lhe: "O que te aflige, meu irmão, e te põe em tal abatimento e tristeza?"

80. A pobre alma respondeu: "Segui teu conselho e obtive um raio da doçura divina; mas, novamente, ela afastou-se de mim e agora encontro-me abandonada e sob grandes tentações. Exteriormente, tenho sofrido grandes provações e aflições no mundo, pois todos meus bons amigos abandonaram-me e escarnecem de mim. Interiormente, sou acometida pela angústia e pela dúvida, e não sei o que fazer".

81. A alma iluminada disse: "O que dizes traz-me muita alegria, pois nosso amado Senhor Jesus Cristo está percorrendo contigo e em ti o caminho que ele mesmo trilhou neste mundo. Também ele foi desprezado e alvo de maledicências, e nada possuiu que lhe fosse próprio. Agora carregas sua marca. Não te assombres com isso, nem o estranhes, pois assim deve ser para que possas ser provada, refinada e purificada.

O CAMINHO DAS TREVAS À ILUMINAÇÃO / 145

82. "Em tal angústia e inquietude, terás muitas vezes motivo para ter fome da redenção e para clamar por ela; por meio de tal fome e tal clamor, atrairás a graça para ti, interior e exteriormente.

83. "Pois, para recuperar a imagem de Deus, deves crescer tanto a partir de baixo como a partir do alto, como uma jovem planta que, agitada pelo vento, suportando o frio e o calor, deve manter-se atraindo força e virtude tanto do alto como de baixo, e resistir a mais de uma tempestade, antes de converter-se numa árvore e dar frutos. Pois, através de tal agitação, a virtude do Sol move-se na planta, as suas propriedades selvagens são penetradas e tingidas pela virtude solar, e, com isso, a árvore cresce.

84. "Neste momento, deves agir como um valente soldado do Espírito de Cristo e cooperar com ele. Pois o Pai eterno, por Seu poder ígneo, engendra em ti o Seu Filho, e este Filho transmuta o Fogo do Pai (o Primeiro Princípio, a propriedade colérica da alma) em Chama de Amor (o Segundo Princípio, a doce Luz divina), de modo que do Fogo e da Luz (da Ira e do Amor) advém uma substância una, que é o verdadeiro templo de Deus.

85. "Agora, tu brotarás nas vinhas de Cristo, na videira de Cristo, e darás frutos em tua vida, ajudando e instruindo os outros e, como uma boa árvore, mostrando teu amor em abundância. Pois o Paraíso deve, através da cólera de Deus, brotar novamente em ti e converter o inferno em céu".

86. "Portanto, não te acovardes ante as tentações do diabo, pois ele luta pelo reino que um dia teve em ti; mas, tendo-o perdido, foi humilhado e está obrigado a afastar-se de ti. E se ele te cobre exteriormente com a humilhação e a reprovação do mundo, é para encobrir a própria vergonha e para que tu permaneças oculto para o mundo.

87. "Pois, com o teu novo nascimento ou natureza regenerada, estás no céu e na harmonia divina. Por isso, sê paciente e espera no Senhor. O que quer que te ocorra, recebe-o como proveniente de Suas mãos para o teu mais alto bem".

Dizendo isto, a alma iluminada se afastou.

O CAMINHO DA ALMA

88. Agora, essa alma começou a caminhar sob o paciente sofrimento de Cristo e, dependendo apenas do poder de Deus, entrou na esperança. Desde então, tornou-se mais forte a cada dia, e suas más inclinações pereceram gradualmente; por fim, chegou a um elevado grau da Graça, as portas da revelação divina foram--lhe abertas e o reino dos céus manifestou-se nela.

89. Assim, através do arrependimento, da fé e da oração, a alma retornou a seu verdadeiro repouso original e converteu-se num reto e amado filho de Deus. Que Sua infinita misericórdia nos ajude a todos a conseguir o mesmo. Amém.

ÍNDICE DAS ILUSTRAÇÕES

Página 14: Bildnis des Jacob Böhme. Gravura em cobre de 1714, 142 x 92 mm (folha). Acervo da Universitätsbibliothek Leipzig, Porträtstichsammlung 6/37 (Mortzfeld A 1757), domínio público.

Página 34: Reprodução do túmulo de Bœhme em Görlitz que introduz o "Breve Relato sobre a Vida de Jacob Bœhme", de Abraham von Frankenberg, *Obras Completas*, Amsterdam, 1682.

Página 36: Frontispício das *Obras Completas de Jacob Bœhme*, Amsterdam, 1682.

Página 61: Retrato de Bœhme em *The Way of Christ*, Harper & Brothers, New York, 1947.

Página 66: Frontispício do Livro VI - "Sobre a Vida Suprasensível", *Obras Completas*, Amsterdam, 1682.

Página 104: Frontispício de "O Caminho para Cristo", *Obras Completas*, Amsterdam, 1682.

Página 126: Frontispício do Livro VIII - "Carta a uma alma faminta e sedenta da fonte do doce amor de Jesus Cristo", *Obras Completas*, Amsterdam, 1682.

OBRAS COMPLETAS DE JACOB BŒHME
catalogadas por A. von Frankenberg

- *A Aurora Nascente* (1612)
- *Os Três Princípios da Essência Divina* (1619)
- *A Tripla Vida do Homem* (1620)
- *As Quarenta Questões sobre a Alma* (1620)
- *Sobre a Encarnação do Verbo* (1620)
- *Os Seis Pontos Teosóficos* (1620)
- *Sobre o Mistério Celeste e Terrestre* (1620)
- *Sobre os Últimos Tempos* (1620)
- *Sobre a Contemplação Divina* (1620)
- *A Signatura das Coisas* – De Signatura Rerum *(1621)*
- *Apologia de Balthasar Tilken* (1621)
- *Reflexões sobre as Botas de Isaías* (1621)
- *Sobre o Verdadeiro Arrependimento* (1622)
- *Sobre a Verdadeira Resignação* (1622)
- *Sobre a Regeneração ou Novo Nascimento* (1622)
- *Sobre a Penitência* (1622)
- *Sobre a Vida Suprasensível* (1622)
- *Sobre o Céu e o Inferno* (1622)
- *Sobre a Providência ou Eleição da Graça* (1623)
- *O Grande Mistério* – Misterium Magnun (sobre o Livro de Gênesis) (1623)
- *Uma Tabela de Princípios* (1623)
- *Sobre os dois Testamentos Divinos* (o Batismo e a Eucaristia) *ou O Livro dos Sacramentos* (1623)

- *Apologia Contra Grégoire Richter* (1623)
- *177 Questões Teosóficas* (1623)
- *Extrato do Grande Mistério* (1623)
- *Tabela da Manifestação Divina nos Três Mundos* (incluída na 47ª Epístola) (1623)
- *Sobre o Erro de Ezequiel Meth* (1623)
- *Sobre o Juízo Final* (1623)*
- *Diálogo entre uma Alma Iluminada e outra em busca da Iluminação* (1624)
- *Sobre as Quatro Compleições* (1624)
- *Epístolas Teosóficas* (reunião de sua Correspondência) (1624)

---

* - Klimov e outros supõem que esta tenha se perdido; mas é possível que Willian Law a tenha encontrado e incluído no final do *Tratado Sobre o Céu e o Inferno*, que o leitor tem oportunidade de ler aqui, pois a passagem que trata do Juízo Final não consta das outras edições.

Impressão: *Psi7*
Papel: *Pólen 90gr.*
Tipologia: *ITC Garamond* e *Trajan*
Tiragem: *200 exemplares*
Impresso em agosto de 2025